Latin Unseens for A Level

LATIN UNSEENS
FOR A LEVEL

Ashley Carter

Bloomsbury Academic
An imprint of Bloomsbury Publishing Plc

B L O O M S B U R Y
LONDON · OXFORD · NEW YORK · NEW DELHI · SYDNEY

Bloomsbury Academic
An imprint of Bloomsbury Publishing Plc

50 Bedford Square
London
WC1B 3DP
UK

1385 Broadway
New York
NY 10018
USA

www.bloomsbury.com

**BLOOMSBURY and the Diana logo are trademarks of
Bloomsbury Publishing Plc**

First published by Bristol Classical Press 2005
Reprinted 2012
Reprinted by Bloomsbury Academic 2014, 2015

British Library Cataloguing-in-Publication Data
A catalogue record for this book is available from the British Library.

ISBN: PB: 978-1-8539-9681-8
ePDF: 978-1-4725-0271-1
ePUB: 978-1-4725-0272-8

Library of Congress Cataloging-in-Publication Data
A catalog record for this book is available from the Library of Congress.

Printed and bound in Great Britain

Contents

Introduction

This book is intended to be used principally by students preparing for AS, A2 and AEA Latin examinations. It is in three parts.

Part 1 comprises forty passages of adapted Latin from a range of prose authors, in which the language is pitched at a level similar to that currently used in AS examination papers. Each passage contains about 130-140 words.

Part 2 contains a slightly larger number of harder passages pitched at the standard of current A2 examination papers. Just over half of these passages are taken from Livy, Cicero and Caesar, the rest from Ovid, with an equal number of hexameter and elegiac passages. The only adaptation applied to these passages is the omission of words, phrases or sentences that are either too hard or unnecessary for a full understanding of the storyline; only in one or two cases has a word been changed for simplicity or clarity.

Part 3 comprises six passages of prose and six of verse, with a level of difficulty similar to that maintained in the current AEA examination.

Sample mark schemes for one AS and one A2 passage are included as an appendix. The purpose of these is to give students and teachers an understanding of the principles underlying the marking of AS and A2 unseens. These mark schemes work in exactly the same way as those currently used in the examinations, except for the fact that an English version is used rather than the Latin.

All the passages in Parts 1 and 2 are introduced in the same two ways. First a summary of the story appears in italics, then in regular type is given a translation or adaptation of the sentence or section immediately preceding the Latin passage; this latter is intended to serve as a lead-in to the story line, though sometimes the original author provides no such information, in which case a few plausible words have been generated. This practice is also used in the examination. In addition, each passage has been given a title, purely to aid identification.

Some of the passages in Parts 1 and 2 are linked, presenting different episodes of the same story. It is recommended that these passages should be taken in sequence.

I am profoundly grateful to Alan Clague for his time and expertise in checking the accuracy and level of difficulty of the Latin and for the many improvements he suggested. I also wish to thank the Years 12 and 13 students of Hitchin Girls' School, who tried out many of these passages and offered useful comments on the difficult sections, as a result of which many simplifications were introduced.

Part 1. AS Unseens

In the Specification for the AS examination, there is no prescribed author for the Unprepared Translation 1 unit. I have therefore used a variety of prose authors. Because the AS Specification's Defined Vocabulary List allocates all the words to one of six themes, I have endeavoured to include passages relating to all of these themes (general, political, military, legal, domestic and religious). The passages are arranged in this sequence. It is perhaps inevitable, in view of the nature of the surviving Latin texts, that political and military themes preponderate in these passages.

It is a principle of AS unseens that the passages contain simplified Latin. In following this principle, I have used the author's original words wherever practicable, while trying to achieve a level of difficulty that is a little above that of the top end of the gradient of difficulty in the GCSE momentum tests. It is inevitable that, within this framework, the level of difficulty will vary slightly from passage to passage and from sentence to sentence.

All words that do not appear in the Defined Vocabulary List are glossed, as are words with a meaning not listed in the DVL.[1] Students should, however, be encouraged to think beyond the listed meanings in order to select the meaning most appropriate to the context. For doing this they qualify for bonus marks, of which up to ten are available in each unseen. These bonus marks are also awarded at AS level each time an ablative absolute is rendered into natural English, and each time an indirect statement is handled correctly.

These unseens are marked out of 170 + 10 bonus marks.

---

[1]At the time this book is in preparation, the DVL is in the process of being revised. The glossing used in this book assumes that a revised DVL of about 800 words will be available to teachers during the course of 2005.

Nero the musician

The emperor Nero loves competing as a singer in musical contests.

Nero gained some knowledge of music during the course of his early education.

Nero, simulatque imperium adeptus est, Terpnum[1] citharoedum[2] arcessivit; quem multos dies post cenam ad mediam noctem optime cantantem audivit. deinde Nero ipse cantare coepit. diligenter exercendo[3] vocem paulatim augebat.[4] tandem, quamquam vox eius adhuc debilis[5] erat, in scaenam[6] procedere cupivit. primum Neapolim[7] iter fecit; hic in theatro[8] ne terrae quidem motu[9] cantare desiit. ibi multos per dies cantavit. in media etiam orchestra[10] cenavit.[11] quinque milia iuvenum pulcherrimorum in theatrum[8] duxit, qui ipso cantante plauderent.[12] cum Romae quoque cantare vellet, populo oranti promisit se brevi tempore in scaenam[6] ascensurum esse; tum militibus citharam[13] ferentibus, amicisque comitantibus,[14] in medium progressus, carmen cantare coepit. multas post horas idem carmen etiam audiebatur. deinde per Graeciam[15] iter fecit. ibi dum cantabat, nemini permisit e theatro[8] exire. itaque feminae quaedam in theatro[8] enixae esse[16] dicuntur. ipse summum praemium semper accepit.

Suetonius, *Life of Nero* 20-24 (adapted)

[1]*Terpnus, -i* m.	Terpnus
[2]*citharoedus, -i* m.	lyre-player and singer
[3]*exerceo, exercere, exercui, exercitus*	I exercise
[4]*augeo, augere, auxi, auctus*	I strengthen
[5]*debilis, -is, -e*	weak
[6]*scaena, -ae* f.	stage
[7]*Neapolis, -is* f.	Naples
[8]*theatrum, -i* n.	theatre
[9]*motus, -us* m.	movement, quake
[10]*orchestra, -ae* f.	orchestra (part of the theatre between the stage and the auditorium)
[11]*ceno, cenare, cenavi, cenatus*	I dine
[12]*plaudo, plaudere, plausi, plausus*	I applaud
[13]*cithara, -ae* f.	lyre (a harp-like instrument)
[14]*comitor, comitari, comitatus sum*	I accompany
[15]*Graecia, -ae* f.	Greece
[16]*enitor, eniti, enixus sum*	I give birth

Adultery

Julia and Sempronius Gracchus are punished by Tiberius for adultery.

Julia, daughter of the emperor Augustus, was first married to Marcellus, who died at a young age.

deinde Iulia Marco Agrippae[1] nupsit;[2] cuius post mortem a patre Augusto tradita est Tiberio, qui suam uxorem repudiare[3] coactus est. postquam Tiberius eam in matrimonium[4] duxit, Sempronius Gracchus, vir nobilis, qui Iuliae stuprum[5] fecerat vivo Agrippa,[1] ei persuasit ut maritum sperneret. litterae ab Iulia ad patrem Augustum missae sunt, in quibus Tiberium insectabat;[6] has multi credebant a Graccho scriptas esse. Iulia vero, spreto novo marito ut impari,[7] non solum Gracchum, sed etiam multos alios viros in cubiculum suum excepit. ergo a patre in exilium ad parvam insulam missa est, in qua sola habitabat. ipse Tiberius imperium adeptus eam sine ulla spe usque ad mortem ibi reliquit. Gracchus autem ad insulam Cercinam[8] missus quattuordecim annos exilium ferebat. tum milites ad eum interficiendum missi in litore eum invenerunt. quorum adventu[9] breve tempus petivit, ut suprema mandata[10] uxori per litteras daret; deinde cervicem[11] percussoribus[12] obtulit.

Tacitus, *Annals* 1.53 (adapted)

[1]*Marcus Agrippa, Marci Agrippae* m.	Marcus Agrippa
[2]*nubo, nubere, nupsi, nuptus* + dat.	I marry
[3]*repudio, repudiare, repudiavi, repudiatus*	I divorce
[4]*matrimonium, -i* n.	marriage
[5]*stuprum, -i* n.	adulterous affair
[6]*insecto, insectare, insectavi, insectatus*	I criticise
[7]*impar, imparis*	inferior
[8]*Cercina, -ae* f.	Cercina
[9]*adventus, -us* m.	arrival
[10]*mandatum, -i* n.	order
[11]*cervix, -icis* f.	neck
[12]*percussor, -oris* m.	executioner

Clemens

A slave, Clemens, first tries to free his master, Agrippa Postumus,
who is imprisoned on the island of Planasia; then, after Agrippa's
execution, he takes his place.

If prompt measures had not prevented it, the country would have been plunged into civil war by the bold action of a single slave.

servus Agrippae, Clemens nomine, in animo habuit in insulam Planasiam[1] ire, ut, aut fraude[2] aut vi usus, dominum suum liberaret; is enim ab imperatore Augusto[3] illuc in exilium septem ante annis missus erat. Augusto[3] nuper mortuo Clemens credidit dominum non iam in exilio tenendum esse; putavit eum, si ad exercitum Germanicum[4] iter fecisset, ibi tutum fore. nisi navis in qua vehebatur tarda[5] fuisset, Agrippa liberatus esset; ubi autem Clemens ad insulam pervenit, Agrippa iam occisus erat. deinde servus cineres[6] raptos ad locum desertum[7] portavit. ibi se celavit, donec barba[8] crinesque[9] longiores fierent: nam et aetate[10] et vultu similis domino erat. tum per socios fama percrebuit[11] vivere Agrippam. ipse oppida ad vesperam[12] visitabat,[13] neque saepe in iisdem locis visus est. Romae cives credere coeperunt Agrippam a deis servatum esse. Clementi urbi appropinquanti ingens multitudo obviam iit. tandem tantus furor ad aures[14] Tiberii[15] advenit ut clam[16] eum necari iusserit.

Tacitus, Annals 2.39-40 (adapted)

[1]*Planasia, -ae* f.	Planasia (a small island)
[2]*fraus, -dis* f.	trickery
[3]*Augustus, -i* m.	Augustus
[4]*Germanicus, -a, -um*	German (i.e. stationed in Germany)
[5]*tardus, -a, -um*	slow, late
[6]*cinis, -eris* m.	ash
[7]*desertus, -a, -um*	deserted
[8]*barba, -ae* f.	beard
[9]*crines, -ium* m. pl.	hair
[10]*aetas, -atis* f.	age
[11]*percrebesco, percrebescere, percrebui*	I spread
[12]*vespera, -ae* f.	evening
[13]*visito, visitare, visitavi, visitatus*	I visit
[14]*auris, -is* f.	ear
[15]*Tiberius, -i* m.	Tiberius (the emperor)
[16]*clam*	secretly

Antoninus Caracalla

Antoninus Caracalla becomes emperor after a display of brutality.

The emperor Septimius Severus had two sons. He ordered the soldiers of the Praetorian Guard to protect them both equally.

ubi puer erat, Antoninus, filius imperatoris Severi, parentes amabat. et populo et senatui placebat eum spectare. omnia quae magistri eum docebant facile discebat. non lentus erat in clementia:[1] si homines condemnatos leonibus obiectos[2] vidit, lacrimavit aut oculos avertit: quod populum delectavit.[3] talis erat puer.

but

ubi autem iuvenis erat, tam gravis saevusque fiebat ut multi non crederent eum esse illum puerum quem cognovissent. iam superbior patre fuit; fratrem propter humilitatem[4] sprevit. post patris mortem, apud milites questus fratrem sibi insidias comparare, homines in Palatium[5] misit qui fratrem occiderent. eius corpus statim cremari[6] iussit, publiceque eis gratias egit qui eum occiderant. nonnulli milites aegerrime[7] tulerunt fratrem Antonini necatum esse: promiserant enim se duobus pariter filiis Severi servituros esse. diu Antoninum neque in castra sua neque in urbem admiserunt. militibus tandem plurimo auro[8] placatis,[9] Antoninus Romam rediit. sic imperator factus est.

Aelius Spartianus, *Antoninus Caracalla* 1-2 (adapted)

[1]*clementia, -ae* f.	compassion
[2]*obicio, obicere, obieci, obiectus*	I throw
[3]*delecto, delectare, delectavi, delectatus*	I delight
[4]*humilitas, -atis* f.	insignificance, humbleness
[5]*Palatium, -ii* n.	palace
[6]*cremo, cremare, cremavi, crematus*	I cremate
[7]*aegre*	badly
[8]*aurum, -i* n.	gold
[9]*placo, placare, placavi, placatus*	I pacify, win over

Tiberius Gracchus

Tiberius Gracchus, who served with a Roman army in an unsuccessful campaign in Spain, pays with his life for trying to introduce revolutionary legislation to help the lower classes of Italy.

The surrender of the Roman army at Numantia caused a huge quarrel to break out in Rome.

Tiberius Gracchus, notissimi viri filius, quaestor[1] fuerat in exercitu Romano, qui contra Numantiam[2] pugnaverat. cuius belli Gracchus finem petiverat foedus faciendo, quod senatus Romanus accipere noluit. veritus ne senatores se punire vellent, tribunatum[3] petivit. non modo civitatem toti Italiae[4] promisit, sed etiam agros inter omnes cives dividere voluit. haec, quae omnes praeter nobiles cupiebant, in magnum periculum adduxerunt rem publicam. Gracchus ipse cum fratre agros Italiae[4] inter pauperes dividere coepit. tum P. Scipio Nasica,[5] primus inter nobiles, in summo Capitolio[6] stans hortatus est omnes, qui salvam[7] vellent rem publicam, ut se sequerentur. plurimi nobiles, senatores, et equitum pars melior et maior, a Scipione[5] sic incitati, inruerunt in Gracchum, qui magnam turbam ex omni fere parte Italiae[4] convocatam adloquebatur. is fugiens necatus est. hoc initium in urbe Roma civilis[8] belli fuit.

Velleius Paterculus, *History of Rome* 2.2-3 (adapted)

[1]*quaestor, -oris* m.	a junior official
[2]*Numantia, -ae* f.	Numantia (a city in Spain)
[3]*tribunatus, -us* m.	office of tribune of the people (a Roman official who supported the interests of the common people)
[4]*Italia, -ae* f.	Italy
[5]*P. Scipio Nasica* m.	Publius Scipio Nasica
[6]*Capitolium, -i* n.	Capitol (a hill in the centre of Rome)
[7]*salvus, -a, -um*	safe
[8]*civilis, -is, -e*	civil

Gaius Gracchus

Gaius Gracchus follows in his brother's footsteps.

After an interval of ten years, the same madness which had taken hold of
Tiberius Gracchus now took possession of his brother Gaius.

Gaius similis fratri erat: easdem virtutes, idem vitium[1] habebat. si
quietem animi habuisset, civitatis princeps[2] esse potuisset; sed seu mortem fratris ulcisci[3] vellet, seu imperium sibi cuperet, tribunatum[4]
ingressus est. longe maiora etiam atque acriora quam frater petens, dabat
civitatem omnibus Italicis,[5] dividebat agros, vetabat quemquam civem
plus quingentis iugeribus[6] habere, iudicia[7] a senatu transferebat ad
equites, frumentum plebi dare coepit. nihil immotum,[8] nihil quietum,[9]
nihil denique in eodem statu[10] relinquebat. in alterum etiam annum
tribunatum[4] habebat.

L. Opimius[11] consul armis aggressus eum captum interfecit. quamquam
rem publicam ita servavit, dirum facinus commisit: nam promisit se
praemium daturum esse ei qui caput Gracchi ad se ferret. corpus sine
capite in Tiberim[12] deiectum est.

multis post annis ubi idem Opimius[11] iudicio[7] publico condemnatus est,
cives, qui in animo tenebant quam saevus fuisset, gavisi sunt.

Velleius Paterculus, *History of Rome* 2.6-7 (adapted)

[1]*vitium, -i* n.	fault
[2]*princeps, -ipis* m.	(here) leader
[3]*ulciscor, ulcisci, ultus sum*	I avenge
[4]*tribunatus, -us* m.	tribunate, office of tribune
	(held for one year)
[5]*Italici, -orum* m. pl.	the Italians
[6]*iugerum, -i* n.	jugerum (an area of land)
[7]*iudicium, -i* n.	trial
[8]*immotus, -a, -um*	unchanged
[9]*quietus, -a, -um*	peaceful
[10]*status, -us* m.	state
[11]*L. Opimius, -i* m.	Lucius Opimius
[12]*Tiberis, -is* m.	river Tiber

Catilina

The conspiracy of Sergius Catilina is crushed by Cicero and Cato.

Cicero had risen from humble birth to the nobility through his own efforts.

M. Cicero consul coniurationem[1] Sergii Catilinae Lentuli[2]que et Cethegi[3] et aliorum virorum summa virtute curaque aperuit. Catilina metu consulis ex urbe pulsus est; Lentulus[2] Cethegus[3]que et alii notissimi viri auctoritate[4] senatus iussu[5]que consulis in carcere[6] tenebantur.

M. Cato iam magnam virtutem praestitit.[7] cum alii senatores hortarentur ut Lentulus ceterique coniurati[8] aut custodirentur aut in exilium mitterentur, Cato tanta vi animi atque ingenii invectus est[9] in coniurationem,[1] ut ei qui lenitatem[10] poposcerant culpae accusati sint.[11] 'nonne,' inquit, 'intellegitis, dum illi vivant, socios eorum urbem igni deleturos esse?' quibus de periculis senatores tantum metum habuerunt ut omnes, sententia Catonis accepta, censerent[12] ut coniurati[8] statim interficerentur, ut Cicero poposcerat; maiorque pars senatus Ciceronem, cuius consilium Cato laudaverat, domum prosecuti sunt.[13]

at Catilina ad peiora etiam scelera progressus est. fortissime quidem pugnans a legionibus victus occisusque est.

Velleius Paterculus, *History of Rome* 2.34-35 (adapted)

[1]*coniuratio, -onis* f.	conspiracy
[2]*Lentulus, -i* m.	Lentulus (a conspirator)
[3]*Cethegus, -i* m.	Cethegus (a conspirator)
[4]*auctoritas, -atis* f.	authority
[5]*iussus, -us* m.	order, command
[6]*carcer, -eris* m.	prison
[7]*praesto, praestare, praestiti, praestitus*	I show
[8]*coniuratus, -i* m.	conspirator
[9]*invehor, invehi, invectus sum*	I make an attack (with words)
[10]*lenitas, -atis* f.	leniency
[11]*accuso, accusare, accusavi, accusatus*	I accuse
[12]*censeo, censere, censui, census*	I vote, resolve
[13]*prosequor, -sequi, -secutus sum*	I accompany

Gaius Marius (1)

*Gaius Marius persuades the people of Rome to make him consul and
to give him command of the army in the wars against
Jugurtha and the Germans.*

Then followed the war against the African Jugurtha, waged by the outstanding
general Quintus Metellus.

legatus Metelli fuit C. Marius: is quantum in bello optimus, tantum in
pace erat pessimus; semper avidus gloriae[1] erat. Metellum morae accusavit:[2] dicebat enim eum bellum iam in tertium annum trahere. Romam
festinavit, ut imperium peteret. vix urbem ingressus, consulatum[3] adeptus
est. tum dux exercitus Romani Iugurtham vincendi causa factus est;
Metellus autem, qui duobus proeliis Iugurtham nuper vicerat, triumphum[4] clarissimum accepit. in Africam[5] regressus Marius legatos misit
ad regem Bocchum;[6] cuius auxilio Iugurtham cepit. Marius Romam
iterum regressus Iugurtham per vias urbis in triumpho[4] duxit. secundum
quoque consulatum[3] accepit.

deinde populus Romanus, qui propter recentem in Germania[7] cladem
iratus erat, clamavit solum Marium tantos hostes superare posse; quem
adeo amabant ut eum consulem iterum fecerint. proximo anno, quarto
consulatu,[3] legiones in Germaniam,[7] ut hostes oppugnarent, duxit; qui
centum quinquaginta milia hostium occiderunt. hoc plebi maxime
placuit.

Velleius Paterculus, *History of Rome* 2.11-12 (adapted)

[1]*gloria, -ae* f.	glory
[2]*accuso, accusare, accusavi, accusatus*	I accuse
[3]*consulatus, -us* m.	consulship
[4]*triumphus, -i* m.	triumph
[5]*Africa, -ae* f.	Africa
[6]*Bocchus, -i* m.	Bocchus (leader of an African tribe)
[7]*Germania, -ae* f.	Germany

Gaius Marius (2)

Marius, though once the consul, now suffers at the hands of
Sulla and ends up in Africa.

Mithridates, king of Pontus, seized Asia and put all the Roman citizens there to
death. Sulla, as proconsul, was given the task of driving Mithridates out of Asia.

P. Sulpicius[1] tribunus[2] plebis legem[3] ad populum tulit, ut imperium in
bello Sullae ablatum Mario daretur. tum Sulla, qui Roma iam discesserat,
comparato exercitu ad urbem rediit eamque armis occupavit. Marium
cum filio et P. Sulpicio[1] ex urbe expulit et lege[3] nova exules[4] fecit. equites
Sullae Sulpicium[1] haud procul ab urbe captum necaverunt, caputque eius
pro rostris[5] ostentum est. tum Marium petebant. ille, iam vir septuaginta
annorum, in aquis, solum naribus[6] eminentibus,[7] se celabat; milites tamen
mox eum invenerunt inque carcerem[8] duxerunt. ad quem interficiendum
missus est servus publicus, qui forte a Mario in bello olim captus erat;
simulatque imperatorem agnovit, iratus quod tantus vir talia pateretur,
abiecto gladio e carcere[8] fugit. tum cives miserentes[9] viri qui paulo[10] ante
consul Romanus fuerat, eum in navem imposuerunt. ille, cum in Africam[11] navigavisset, vitam pauperis in ruinis[12] Carthaginis[13] vixit.

Velleius Paterculus, *History of Rome* 2.18-19 (adapted)

[1]*P. Sulpicius, -i* m.	Publius Sulpicius
[2]*tribunus, -i* m.	tribune
[3]*lex, legis* f.	law
[4]*exul, -ulis* m.	outlaw
[5]*rostra, -orum* n. pl.	the rostra (speakers' platform in the forum)
[6]*naris, -is* f.	nostril
[7]*emineo, eminere, eminui*	I project, stick out
[8]*carcer, -eris* m.	prison
[9]*misereor, misereri, miseritus sum*	I pity (+ gen.)
[10]*paulo*	a little
[11]*Africa, -ae* f.	Africa
[12]*ruina, -ae* f.	ruin
[13]*Carthago, -inis* f.	Carthage (an African city)

Marcus Livius Drusus

Marcus Livius Drusus is killed because he attempts legal reforms.

A few years after the killing of Gaius Gracchus, Drusus was elected tribune.

Drusus, nobilissima gente ortus, optimum ingenium animumque ostendit sed mala fortuna usus est. iudicia[1] ab equitibus rursus ad senatum transferre voluit; nam equites, qui eam potestatem legibus[2] Gracchi adepti erant, multos clarissimos atque innocentissimos[3] viros puniverant. senatores tamen, cum Drusum haec pro plebe quaerere putarent, eum stultissime spreverunt. ubi in hac re victus est, Drusus ad dandam civitatem Italiae[4] versus est; quod senatui non placuit. dum e foro iter facit, ingenti multitudine comitante,[5] prope domum gladio interfectus est. spectans circumstantium dolentiumque turbam, haec verba moriens dixit: 'quando,' inquit, 'o parentes amicique, similem mei civem habebit res publica?'

alterum argumentum[6] ingenii optimi eius non omittendum est. cum domum in media urbe aedificaret, architectus[7] ei promisit ita se domum aedificaturum esse, ut nemo interiora[8] videre posset. ille 'minime,' inquit, 'tu ita aedifica domum meam, ut, quicquid agam, ab omnibus videri possim.'

Velleius Paterculus, *History of Rome* 2.13-14 (adapted)

[1]*iudicium, -i* n.	law court, trial
[2]*lex, legis* f.	law
[3]*innocens, -entis*	innocent
[4]*Italia, -ae* f.	Italy
[5]*comitor, comitari, comitatus sum*	I accompany
[6]*argumentum, -i* n.	proof
[7]*architectus, -i* m.	architect
[8]*interiora, -um* n. pl.	the interior, inside

Hortensius at Abdera

*The citizens of Abdera try to save their city from the greedy
Roman praetor, Hortensius.*

Hortensius now fell into disgrace.

Hortensius, praetor Romanus, qui bellum in Graecia[1] gerebat, ad oppidum Abdera[2] advenit. ibi, praedam quaerens, centum milia denariorum[3]
plurimumque frumentum a civibus poposcit. cives, cum tantam pecuniam
non haberent, ab eo petiverunt ut sibi permitteretur ut legatos de ea re ad
consulem Hostilium,[4] qui in Graecia[1] quoque esset, et Romam mitterent.
qui simulatque ad consulem pervenerunt, audiverunt oppidum suum
captum, principes occisos, ceteros venditos esse. tum legati Abderitae[5]
Romam ad senatum venerunt lacrimantes. querebantur oppidum suum ab
Hortensio praetore sine iusta causa expugnatum[6] ac direptum[7] esse. haec
res indigna[8] senatoribus visa est. decreverunt[9] Abderitas,[5] qui iam servi
essent, liberandos esse oppidumque restituendum esse.[10] duo legati missi
sunt qui haec facerent. iisdem mandatum est ut et Hostilio[4] consuli et
Hortensio praetori nuntiarent senatum decrevisse[9] iniustum[11] bellum contra Abderitas[5] gestum esse; omnes cives qui adhuc vivi essent in
libertatem restituendos esse.[10]

Livy, 43.4 (adapted)

[1]*Graecia, -ae* f.	Greece
[2]*Abdera, -orum* n. pl.	Abdera (a town in Greece)
[3]*denarius, -i* m.	denarius (a unit of currency)
[4]*Hostilius, -i* m.	Hostilius
[5]*Abderita, -ae* m.	(a man) of Abdera
[6]*expugno, expugnare, expugnavi, expugnatus*	I take by storm, conquer
[7]*diripio, diripere, diripui, direptus*	I loot, plunder
[8]*indignus, -a, -um*	unjustified
[9]*decerno, decernere, decrevi, decretus*	I decree, propose
[10]*restituo, restituere, restitui, restitutus*	I restore
[11]*iniustus, -a, -um*	unjust

Hiero

*King Hiero wants the monarchy to be abolished after his death,
but his daughters and grandson have other ideas.*

In Sicily, everything was changed by the death of Hiero and the transfer of the
kingdom to his grandson Hieronymus.

Hiero erat rex Syracusarum.[1] iam senex, cum intellegeret se mox moritu-
rum esse, voluisse dicitur Syracusas[1] liberas relinquere. filius enim eius
iam mortuus erat, et nepos,[2] Hieronymus nomine, etiam puer erat. filiae
tamen eius huic consilio summis viribus obstiterunt;[3] sperabant enim se
maritosque suos imperium habituros esse, si Hieronymus rex factus esset;
mariti enim tutores[4] pueri erant. non facile erat viro nonaginta annorum,
obsesso dies noctesque blanditiis[5] mulierum, liberare animum et quod
volebat facere. rex tutores[4] quindecim puero reliquit, quos precatus est
moriens ut iuvenem in disciplina[6] tenerent in qua eductus esset.[7] simulatque Hiero mortuus est, Adranodorus[8] ceteris tutoribus[4] dimissis
potestatem omnium in se unum convertit.[9] sed Hieronymus, rex factus,
illo spreto se tyrannum[10] esse mox ostendit. tam superbus tamque crudelis
erat ut omnes cives terrerentur: quanto amore Hieronem amplexi erant,[11]
tanto odio[12] Hieronymum timebant.

Livy, 24.4-5 (adapted)

[1]*Syracusae, -arum* f. pl.	Syracuse (main city in Sicily)
[2]*nepos, -otis* m.	grandson
[3]*obsto, obstare, obstiti* + dat.	I oppose
[4]*tutor, -oris* m.	tutor
[5]*blanditiae, -arum* f. pl.	flattery
[6]*disciplina, -ae* f.	discipline
[7]*educo, educere, eduxi, eductus*	I bring up, raise
[8]*Adranodorus, -i* m.	Adranodorus (a tutor)
[9]*converto, convertere, converti, conversus*	I turn, transfer
[10]*tyrannus, -i* m.	tyrant
[11]*amplector, amplecti, amplexus sum*	I embrace
[12]*odium, -i* n.	hatred

Rhescuporis

Rhescuporis, one of two kings of Thrace, tricks the other king out of his half of the kingdom, but is eventually punished by Tiberius, the emperor.

The whole of Thrace had been ruled by Rhoemetalces.

quo mortuo Augustus[1] partem Thraciae[2] Rhescuporidi[3] fratri eius, partem filio Cotyi[4] permisit. ita agri et urbes et terra quae prope Graecos[5] erat Cotyi[4] tradita sunt; quod incultum[6] ac prope hostes erat Rhescuporis[3] accepit. ingenium huius avidum, illius molle erat. primo, dum Augustus[1] vivebat, concordia[7] inter reges erat; deinde, Augusto[1] mortuo, Rhescuporis[3] manus latronum[8] mittere coepit, quae oppida oppugnarent causasque belli peterent. de his rebus certior factus Tiberius centurionem misit qui regibus imperaret ne arma caperent. statim Cotys[4] milites quos habebat dimisit. Rhescuporis[3] tamen, amicitiam[9] simulans,[10] Cotyn[4] ad colloquium[11] adque cenam invitavit. cena ad mediam noctem tracta, multoque vino consumpto, Cotys[4] incautus[12] correptus est. Rhescuporis,[3] iam rex totius Thraciae,[2] epistulam ad Tiberium scripsit, in qua accusavit Cotyn[4] insidiarum. respondit Tiberius neque se neque senatum iudicare[13] posse nisi causa cognita esset; ipse igitur Rhescuporis[3] cum Cotye[4] Romam veniret. sed Rhescuporis, quod Cotys[4] iam occisus erat, captus Romam tractus est.

Tacitus, *Annals* 2.64-66 (adapted)

[1]*Augustus, -i* m.	Augustus (the emperor before Tiberius)
[2]*Thracia, -ae* f.	Thrace (country to north of Aegean Sea)
[3]*Rhescuporis, -idis* m.	Rhescuporis
[4]*Cotys,* acc. *Cotyn,* gen. *Cotyis* m.	Cotys
[5]*Graeci, -orum* m. pl.	Greeks
[6]*incultus, -a, -um*	uncultivated
[7]*concordia, -ae* f.	harmony
[8]*latro, -onis* m.	robber
[9]*amicitia, -ae* f.	friendship
[10]*simulo, simulare, simulavi, simulatus*	I pretend
[11]*colloquium, -i* n.	conference
[12]*incautus, -a, -um*	unsuspecting
[13]*iudico, iudicare, iudicavi, iudicatus*	I judge

Pacuvius Calavius (1)

*Pacuvius Calavius plans to save the local senate of Capua from
both Hannibal and the people of the city.*

Capua was a city pampered by long prosperity and good fortune; but its people
enjoyed unlimited freedom.

Hannibal,[1] dux Carthaginiensium,[2] exercitibus Romanis victis, Capuam[3]
adibat. ibi populus senatum oderat, sed Pacuvio Calavio soli confidebat
favebatque, quamquam is quoque senator erat. Calavius quidem veritus
est ne populus, omnibus senatoribus aut occisis aut expulsis, urbem suam
Hannibali[1] tradere conaretur; cum crederet urbem sine senatu statim
perituram esse, consilium callidum[4] cepit quo et urbem et senatum ser-
varet. senatoribus igitur convocatis negavit se velle Romam prodere,[5]
quod ipse feminam Romanam in matrimonium[6] duxisset filiamque suam
nobili Romano dedisset. deinde eos certiores fecit de coniuratione[7] populi
deque Hannibalis[1] adventu.[8] dixit se eos periculo liberare posse, si crederent sibi. cum omnes, metu victi, promississent se facturos esse quicquid
ille vellet, 'claudam[9] vos' inquit 'in curia[10] et viam saluti vestrae inveniam.' egressus curiam[10] claudi iussit, praesidiumque in vestibulo[11]
reliquit, ne quis intrare curiam[10] nisi ipse permisisset neve inde[12] egredi
posset.

Livy, 23.2-3 (adapted)

[1]*Hannibal, -is* m.   Hannibal
[2]*Carthaginienses, -ium* m. pl.   Carthaginians
[3]*Capua, -ae* f.   Capua (a city in southern
Italy, which until now had
supported Rome against
Hannibal)
[4]*callidus, -a, -um*   ingenious, cunning
[5]*prodo, prodere, prodidi, proditus*   I betray
[6]*matrimonium, -i* n.   marriage
[7]*coniuratio, -onis* f.   conspiracy
[8]*adventus, -us* m.   approach
[9]*claudo, claudere, clausi, clausus*   I shut
[10]*curia, -ae* f.   senate house
[11]*vestibulum, -i* n.   entrance
[12]*inde*   from there

Pacuvius Calavius (2)

Pacuvius Calavius invites the people of Capua to decide the fate of each of the city's senators, whom they despise.

Pacuvius Calavius posted a guard to stop anyone entering or leaving.

Pacuvius Calavius omnes senatores in curia[1] clauserat[2] ne a populo necarentur. tum vocato ad concilium[3] populo, 'saepe' inquit 'voluistis, cives, punire improbum[4] senatum. iam potestis id facere. senatores enim omnes sine armis hic clausi sunt.[2] eos igitur corripite. de singulorum[5] capite[6] ius[7] sententiae dicendae vobis dabo, ut quisque suam poenam accipiat. meminisse[8] tamen debetis vos hos senatores odisse, non senatum ipsum. itaque duae res simul vobis agendae sunt, ut et veterem senatum tollatis et novum cooptetis.[9] senatores singulos[5] e curia[1] educam, quorum de capite[6] vos consulam; quod de quoque censueritis[10] fiet; sed prius in eius locum virum fortem ac strenuum[11] novum senatorem cooptabitis.'[9] deinde sedit et nominibus in urnam[12] coniectis iussit produci e curia[1] illum, cuius nomen primum excidit.[13] ubi auditum est nomen, omnes clamabant eum malum et improbum[4] et supplicio[14] dignum esse.

Livy, 23.2-3 (adapted)

[1]*curia, -ae* f.	senate house
[2]*claudo, claudere, clausi, clausus*	I shut
[3]*concilium, -i* n.	meeting
[4]*improbus, -a, -um*	wicked
[5]*singulus, -a, -um*	each individual
[6]*caput, -itis* n.	(here) life
[7]*ius, iuris* n.	right
[8]*memini, meminisse*	I remember
[9]*coopto, cooptare, cooptavi, cooptatus*	I appoint
[10]*censeo, censere, censui, census*	I decide, vote
[11]*strenuus, -a, -um*	vigorous, active
[12]*urna, -ae* f.	urn
[13]*excido, excidere, excidi, excisus*	I fall out
[14]*supplicium, -i* n.	death-penalty

Pacuvius Calavius (3)

*When the people of Capua cannot think of anyone better than any of
the existing senators, they abandon their hostility..*

The names of the senators were placed in an urn and the people voted on each name as it fell out.

ubi populus Capuae[1] ex senatoribus primum condemnavit, Pacuvius 'video' inquit 'quae de hoc viro sententia vestra sit; date igitur pro hoc malo atque improbo[2] viro bonum et iustum senatorem.' primo silentium erat, quod nemo meliorem virum quam illum senatorem subicere[3] potuit. simulac tamen aliquis omissa verecundia[4] virum quendam nominavit,[5] multo maior clamor statim oriebatur, cum alii negarent se illum cognovisse, alii aut ingenium aut humilitatem[6] eius obicerent.[7] hoc multo magis in secundo ac tertio nominato[5] senatore est factum; tandem omnes intellexerunt nullos viros meliores esse quam ipsos senatores, quamquam odio[8] sibi fuissent. itaque homines digredi[9] coeperunt, dicentes notissimum malum[10] maxime tolerabile[11] esse iubentesque senatores ex custodia[12] liberari. hoc modo Pacuvius, cum senatum multo magis obnoxium[13] sibi quam antea fecisset, omnibus concedentibus[14] maximum imperium adeptus est. tandem etiam senatus populo placebat.

Livy, 23.3-4 (adapted)

[1]*Capua, -ae* f.	Capua
[2]*improbus, -a, -um*	wicked
[3]*subicio, subicere, subieci, subiectus*	I suggest
[4]*verecundia, -ae* f.	shyness
[5]*nomino, nominare, nominavi, nominatus*	I name
[6]*humilitas, -atis* f.	meanness, insignificance
[7]*obicio, obicere, obieci, obiectus*	I object to
[8]*odium, -i* n.	(an object of) hatred
[9]*digredior, digredi, digressus sum*	I disperse
[10]*malum, -i* n.	evil
[11]*tolerabilis, -is, -e*	tolerable
[12]*custodia, -ae* f.	custody
[13]*obnoxius, -a, -um*	submissive, obedient
[14]*concedo, concedere, concessi, concessus*	I yield, submit, give way

The Battle of Actium

Caesar (i.e. Octavianus) defeats Antony and Cleopatra
(the queen of Egypt) in the battle of Actium.

Before the great battle Caesar's admiral Agrippa had seized much of Greece and twice defeated the fleet of the enemy.

dies maximi proelii advenit, quo Caesar Antoniusque productis classibus[1] proelium commiserunt: alter pro salute, alter in ruinam[2] orbis terrarum[3] pugnavit. ubi coeptum est certamen, in classe[1] Caesaris fuerunt dux, remiges,[4] milites; in altera classe[1] fuit nihil praeter milites. prima fugit Cleopatra, deinde Antonius: is enim comes esse maluit fugientis reginae quam pugnantium militum suorum: imperator, qui in desertores[5] saevire[6] debuerat, desertor[5] ipse sui exercitus factus est. milites tamen eius diu et ad mortem fortiter pugnaverunt, quamquam de victoria desperabant. Caesar, eis persuadere cupiens, rogabat pro quo et cum quo pugnarent. illi tandem, cum diu pro duce absenti pugnavissent, inviti arma deiecerunt. Caesar eis vitam veniam[7]que promisit: nec quisquam interfectus est. haud multo post Caesar Antonium reginamque Alexandriam[8] secutus est, ut finem belli faceret. Antonius se ipse sine mora interfecit; tum Cleopatra aspidis[9] in cubiculum inlatae veneno[10] mortua est.

Velleius Paterculus, *History of Rome* 2.85-87 (adapted)

[1]*classis, -is* f.	fleet
[2]*ruina, -ae* f.	ruin
[3]*orbis terrarum, orbis terrarum* m.	the world
[4]*remex, remigis* m.	rower, oarsman
[5]*desertor, -oris* m.	deserter
[6]*saevio, saevire, saevii*	I am furious, angry
[7]*venia, -ae* f.	mercy, forgiveness
[8]*Alexandria, -ae* f.	Alexandria (a city in Egypt)
[9]*aspis, -idis* f.	asp (poisonous snake)
[10]*venenum, -i* n.	venom, poison

Uscana

The people of Uscana trick the Roman general, Claudius, into recklessly attacking their city during the night.

The city of Uscana had ten thousand citizens and a small garrison of Cretans.

ex illa urbe nuntii ad Claudium, imperatorem Romanum, clam[1] venerunt. hi nuntiaverunt, si propius copias admovisset, paratos fore homines, qui proderent[2] urbem; deinde non solum ipsum amicosque, sed etiam milites praedam adepturos esse. ita spes addita est cupiditati[3] Romanorum. Claudius ne obsidibus[4] quidem retentis profectus, castra duodecim milia passuum[5] ab urbe posuit. media nocte, mille fere militibus ad praesidium castrorum relictis, ceteros Uscanam duxit. per noctem iter facientes longo agmine effusi sunt.[6] cum urbi appropinquarent, nullos armatos in muris viderunt. subito tamen e duabus simul portis erumpitur; et clamori erumpentium additus est ingens strepitus[7] e muris ortus ululantium[8] mulierum cum crepitu[9] undique aeris.[10] Romani tam perterriti erant ut non possent primum impetum sustinere. plures fugientes quam pugnantes occisi sunt. itaque vix duo milia hominum cum ipso legato in castra ad salutem perfugerunt.

Livy, 43.10 (adapted)

[1]*clam*	secretly
[2]*prodo, prodere, prodidi, proditus*	I betray
[3]*cupiditas, -atis* f.	greed
[4]*obses, obsidis* m.	hostage
[5]*mille passus, -uum* m. pl.	mile
[6]*effundo, effundere, effudi, effusus*	I spread out
[7]*strepitus, -us* m.	din, noise
[8]*ululo, ululare, ululavi, ululatus*	I howl, shriek
[9]*crepitus, -us* m.	clashing, rattling
[10]*aes, aeris* n.	bronze

Titus in Judaea (1)

*In AD 70 Titus, the son of the emperor Vespasian,
quickly displays his abilities as a general and
leads an army to attack Jerusalem.*

Vespasian, in his second year as emperor, spent many months in Egypt.

initio eiusdem anni Titus a patre delectus[1] est ad superandam Iudaeam.[2] ipse se ostendebat promptum[3] in armis; milites tam eloquenter[4] adlocutus est ut omnes ei faverent. saepe inter milites in agmine ambulabat incorrupto[5] ducis honore.[6] fama illius ita crescente,[7] legiones eum maximo studio colebant.

tres legiones in Iudaea[2] eum exspectaverunt; his multos alios milites ex aliis provinciis addidit, inter quos erat manus Arabum,[8] qui Iudaeos[9] semper oderant. his cum copiis itinere in fines hostium facto, haud procul Hierosolymis[10] castra posuit. postridie aciem ante moenia urbis instruxit. Iudaei[9] sub ipsos muros suam aciem instruxerunt, parati aut ad progrediendum rebus secundis, aut ad se recipiendos si pellerentur. postquam equites Romani in eos missi sunt, hostes mox intra moenia se receperunt. cum idem altero et tertio die accidisset, plurimis hominibus occisis, Iudaei[9] intra moenia pulsi non iam pugnare voluerunt.

Tacitus, *Histories* 5.1 and 11 (adapted)

[1]*deligo, deligere, delegi, delectus*	I appoint, choose
[2]*Iudaea, -ae* f.	Judaea
[3]*promptus, -a, -um*	prompt, quick
[4]*eloquenter*	eloquently
[5]*incorruptus, -a, -um*	intact
[6]*honos, -oris* m.	honour
[7]*cresco, crescere, crevi, cretus*	I grow
[8]*Arabs, Arabis* m.	Arab
[9]*Iudaeus, -i* m.	Jew
[10]*Hierosolyma, -orum* n. pl.	Jerusalem

Titus in Judaea (2)

Titus captures Jerusalem after a siege.

Their continual defeats at last drove the Jews within their walls.

Romani, quod hostes in proelio vincere non potuerunt, ad urbem oppugnandam se verterunt. neque enim volebant famem[1] hostium opperiri:[2] milites poscebant ut pugnarent, pars virtute, pars cupidine[3] praedae. ipse Titus, qui Romam quam celerrime redire cupiebat, victoriam facilem speravit. sed urbs moenibus validissimis munita erat. in media urbe erat templum, muris suis in modum arcis[4] defensum; erat fons perennis[5] aquae intra hos muros. ob haec omnia Romani mox intellexerunt quam difficile foret urbem capere.

erant tres duces Iudaeorum,[6] cum tribus exercitibus; quisque suam urbis partem defendebat. quia inter se semper contendebant, magna vis[7] frumenti incensa est. itaque urbe obsessa brevi tempore cives fame[1] mori coeperunt. mox viae plenae corporibus erant, cum plures mortui essent quam quos possent sepelire.[8] nonnulli, quibus nullus cibus erat, omnia foeda[9] consumere coacti, ne corporibus quidem hominum pepercerunt. ubi Romani tandem urbem intraverunt, cognoverunt sescenta milia Iudaeorum periisse. magnum templum deleverunt.

Tacitus, *Histories* 5.11-12 and *Fragments* 1-3 (adapted)

[1]*fames, -is* f.	starvation
[2]*opperior, opperiri, oppertus sum*	I wait for
[3]*cupido, -inis* f.	desire
[4]*arx, arcis* f.	citadel
[5]*perennis, -is, -e*	perpetual, never-failing
[6]*Iudaei, -orum* m. pl.	the Jews
[7]*vis* f.	(here) quantity
[8]*sepelio, sepelire, sepelivi, sepultus*	I bury
[9]*foedus, -a, -um*	foul, disgusting

Germany (1)

During a war against Germany, Germanicus, the Roman general,
successfully attacks the Chatti, a German tribe.

Germanicus was granted a triumph while the war was still in progress. He was preparing to recommence the campaign during the summer.

Germanicus, quamquam haec parabat, initio veris[1] impetum repentinum[2] in Chattos facere constituit. legiones igitur quattuor decemque milia sociorum in agros Chattorum quam celerrime duxit. cum propter siccitatem[3] flumina minima essent, sine ulla mora procedere potuit, brevissimoque tempore hostibus appropinquabat. in itinere interea L. Apronium[4] ad vias muniendas et pontes aedificandos reliquit; nam timebat ne, si tempestas dum bellum gereret orta esset, fluminibus auctis[5] iter regredientibus periculosum[6] esset. tam subitus[7] fuit impetus Romanus ut omnes Chattorum senes statim occisi sint; iuvenes autem caedem vitaverunt trans flumen proximum nando.[8] illi Romanos pontem trans flumen aedificare incipientes impediebant, donec telis pulsi sunt. pauci, postquam foedus facere frustra conati sunt, ad Germanicum fugerunt; ceteri oppidis relictis in silvas dispersi sunt.[9] Germanicus incensis oppidis agros vastavit.[10] hostes agmen Romanum aggredi non ausi sunt. hoc modo Romani victoriam celerem reportaverunt.

Tacitus, *Annals* 1.55-56 (adapted)

[1]*ver, -is* n.	spring
[2]*repentinus, -a, -um*	sudden
[3]*siccitas, -atis* f.	drought
[4]*L. Apronius, -i* m.	Lucius Apronius (an officer)
[5]*augeo, augere, auxi, auctus*	I increase
[6]*periculosus, -a, -um*	dangerous
[7]*subitus, -a, -um*	sudden
[8]*no, nare, navi*	I swim
[9]*dispergo, dispergere, dispersi, dispersus*	I scatter
[10]*vasto, vastare, vastavi, vastatus*	I lay waste

Germany (2)

Germanicus, the Roman general, whilst on campaign in Germany, leads his troops into the battleground where, six years previously, Varus and his three legions were massacred by the Germans.

As the Roman army advanced, they were now not far from the Teutoberg Forest, where the remains of Varus and his legions lay unburied.

Germanicus cupiebat suprema militibus Varoque solvere.[1] totus exercitus Romanus tristissimus fuit, quod parentes et amici ibi occisi erant. intraverunt locos miseros et visu diros. primum castra Vari viderunt, ingens opus trium legionum. deinde murus semirutus[2] ostendit quo in loco pauci superstites[3] constitissent. in medio campo erant plurima ossa,[4] vel sparsa[5] vel coniuncta, ut fugerant, utve restiterant. aderant fragmina[6] telorum artusque[7] equorum; ad arbores capita hominum fixa erant.[8] haud procul erant arae, ad quas tribuni[9] ac centuriones necati erant. et quidam, cladis eius superstites,[3] e pugna aut vinculis[10] elapsi, referebant hic cecidisse legatos, illic raptas esse aquilas;[11] monstrabant ubi Varus primum vulnus accepisset, ubi sua manu mortem invenisset. itaque sexto post cladem anno ossa[4] trium legionum sepeliverunt.[12] milites, dum tumulum[13] tollebant, magis atque magis hostibus irati erant; primum caespitem[14] tumuli[13] Germanicus posuit, ut dolorem suum praeberet.

Tacitus, Annals 1.61-62 (adapted)

[1]*solvo, solvere, solvi, solutus*	(here) I pay respects
[2]*semirutus, -a, -um*	half-collapsed
[3]*superstes, -stitis* m.	survivor
[4]*os, ossis* n.	bone
[5]*spargo, spargere, sparsi, sparsus*	I scatter
[6]*fragmen, fragminis* n.	fragment
[7]*artus, -us* m.	limb
[8]*figo, figere, fixi, fixus*	I fix
[9]*tribunus, -i* m.	tribune (army officer)
[10]*vinculum, -i* n.	chain
[11]*aquila, -ae* f.	eagle (legionary standard)
[12]*sepelio, sepelire, sepelivi, sepultus*	I bury
[13]*tumulus, -i* m.	funeral mound
[14]*caespes, -spitis* m.	turf

Germany (3)

A Roman army is attacked and almost defeated by the Germans.
Even in the security of their camp the Romans
are easily terrified.

The German commander urged on his forces and they sliced through the Roman column.

hostes copias Romanas circumfusi hastas in equos coniecerunt; ita equites Romani ad terram deiecti sunt. ipse Caecina[1] legatus, de interfecto equo delapsus, circumdatus[2] esset, nisi prima legio inter eum hostesque se posuisset. vix Romani castra posuerunt quibus se defendere possent, sed de vita desperabant.

forte equus, qui clamoribus militum territus erat, vincula[3] abrupit. ubi milites quidam ad eum capiendum clamantes cucurrerunt, tantus fuit tumultus ut ceteri, Germanos castra oppugnare credentes, ad eam portam ruerint quae aversa hostibus tutior videbatur. Caecina,[1] simulac pavorem vanum[4] esse intellexit, milites retinere conatus est, sed neque auctoritate[5] neque precibus,[6] ne manibus quidem suis eos impedire potuit. tandem in limine[7] portae stans, quod nulla alia via egrediendi fuit nisi per corpus legati, viam fugae clausit.[8] dum milites circumstant quid facerent dubitantes, centuriones vanum[4] pavorem esse docuerunt.

Tacitus, *Annals* 1.66 (adapted)

[1]*Caecina, -ae* m.	Caecina
[2]*circumdo, -dare, -dedi, -datus*	I surround
[3]*vinculum, -i* n.	chain, tether
[4]*vanus, -a, -um*	without foundation
[5]*auctoritas, -atis* f.	authority
[6]*preces,* abl. *precibus* f. pl.	prayers
[7]*limen, -inis* n.	threshold, gateway
[8]*claudo, claudere, clausi, clausus*	I block

Agrippina

*Agrippina, the wife of the Roman commander Germanicus, works hard
to save the Roman forces in Germany from humiliation, but the
emperor Tiberius is distrustful of her motives.*

When the Germans attacked the Roman camp, confident of annihilating the
legions inside, the Romans quickly rallied and routed the enemy. They spent
the rest of the day slaughtering the rabble. When the legions returned from this
at dusk, they were weary and many were wounded, but they exalted in their
victory.

in Germania[1] interea Romani rumorem[2] audiverunt exercitum suum cir-
cumventum esse infestum[3]que agmen Germanorum[4] in Galliam[5] iter
facere paratum esse. nisi Agrippina, uxor Germanici,[6] eos impedivisset,
nonnulli Romani tam stulti fuissent ut ponte trans Rhenum[7] deleto ceteros
in Germania[1] retinerent. haec femina insignissima officio ducis per eos
dies functa est:[8] milites qui vulnerati erant curavit;[9] eis qui omnia sua
amiserant vestes dedit. dicitur in ponte stetisse legiones regredientes
laudans gratiasque eis agens. haec ad Tiberium relata animum eius
turbaverunt:[10] timuit enim ne illa vel pro se vel pro marito imperium
peteret. 'nihil,' suis inquit, 'imperatoribus relictum est, ubi femina inter
cohortes ambulat, signis appropinquat, pecuniam dat. Agrippina iam
maiorem auctoritatem[11] apud exercitus quam ipsi legati habet.' his et
talibus verbis imperator odium[12] Germanici[6] et uxoris maius faciebat.

Tacitus, *Annals* 1.69 (adapted)

[1]*Germania, -ae* f.	Germany
[2]*rumor, -oris* m.	rumour
[3]*infestus, -a, -um*	hostile
[4]*Germani, -orum* m. pl.	Germans
[5]*Gallia, -ae* f.	Gaul
[6]*Germanicus, -i* m.	Germanicus
[7]*Rhenus, -i* m.	the river Rhine
[8]*fungor, fungi, functus sum* + abl.	I perform
[9]*curo, curare, curavi, curatus*	I treat, take care of
[10]*turbo, turbare, turbavi, turbatus*	I throw into confusion
[11]*auctoritas, -atis* f.	authority
[12]*odium, -i* n.	hatred

Shipwreck (1)

The Roman fleet is wrecked in a storm while carrying troops to their winter quarters.

As the summer was already at its height, some of the legions were sent to their winter quarters by a land route.

legiones ceterae in mille naves impositae per flumen ad Oceanum[1] vehebantur. primo mare placidum[2] erat; deinde grando[3] e densis nubibus[4] effusa est; simul undae ingentes, ventis undique ruentibus incitatae, non modo remiges[5] impediverunt sed etiam eos caecos[6] reddiderunt. milites perterriti, qui ignari[7] maris erant, auxilium dare conando, nautas impediverunt. denique auster,[8] et tempestatibus et altis fluminibus auctus,[9] totum caelum ac mare vicit: naves aut in Oceanum[1] apertum aut in insulas saxis periculosas[10] pulsae sunt. quibus vix vitatis, cum aestus[11] mutavisset cumque vento se coniunxisset, nautae potuerunt neque exhaurire[12] irrumpentes undas nec naves regere. equos, iumenta,[13] etiam arma in aquam eiecerunt, quo leviores facerent naves. haec clades maior fuit omnibus aliis. litora enim plena fuerunt hostium, qui parati erant milites occidere; navium aliae demersae sunt,[14] plures in insulas eiectae sunt, in quibus milites sine cibo mox mortui sunt.

Tacitus, *Annals* 2.23-24 (adapted)

[1]*Oceanus, -i* m.	the Ocean
[2]*placidus, -a, -um*	calm
[3]*grando, -inis* f.	hail
[4]*nubes, -is* f.	cloud
[5]*remex, -igis* m.	oarsman, rower
[6]*caecus, -a, -um*	blind
[7]*ignarus, -a, -um*	ignorant
[8]*auster, -tri* m.	south wind
[9]*augeo, augere, auxi, auctus*	I increase
[10]*periculosus, -a, -um*	dangerous
[11]*aestus, -us* m.	tide
[12]*exhaurio, exhaurire, exhausi, exhaustus*	I empty, bale out
[13]*iumentum, -i* n.	pack-animal
[14]*demergo, demergere, demersi, demersus*	I sink

Shipwreck (2)

Germanicus tries to gather the survivors of the shipwreck.

A few men survived because they were able to eat dead horses washed up onto the beach.

navis Germanici[1] ad terram venit sola; qui per omnes illos dies noctesque in summo scopulo[2] aut in litore stans ac mare spectans identidem[3] clamabat tantam cladem sua culpa accidisse. amici vix eum impediebant se in mare proicere. tandem aestu[4] reverso ventoque secundo naves plurimae paulatim conveniebant, aliae quasi sine remis,[5] aliae vestibus pro velis[6] sublatis, aliae a validioribus tractae. quas sine mora refectas Germanicus misit ut per insulas litoraque proxima reliquas naves quaererent. propter hanc ducis curam plerique milites ad salutem reducti sunt. alios multos Angrivarii,[7] qui nuper in fidem Romae accepti erant, redemptos[8] ab interioribus[9] reddiderunt; quidam aestu[4] etiam in Britanniam[10] pulsi a regibus illius insulae remissi sunt. quisque regressus miracula[11] narrabat: vim turbinum,[12] aves[13] mirabiles, monstra[14] maris, homines qui similes bestiis[15] erant; haud certum est utrum haec visa an propter metum credita essent.

Tacitus, *Annals* 2.24 (adapted)

[1]*Germanicus, -i* m.	Germanicus (the Roman commander)
[2]*scopulus, -i* m.	rock
[3]*identidem*	repeatedly
[4]*aestus, -us* m.	tide
[5]*remus, -i* m.	oar
[6]*velum, -i* n.	sail
[7]*Angrivarii, -orum* m. pl.	Angrivarii (a local tribe)
[8]*redimo, redimere, redemi, redemptus*	I ransom
[9]*interiora, -um* n. pl.	inland
[10]*Britannia, -ae* f.	Britain
[11]*miraculum, -i* n.	marvel
[12]*turbo, -inis* m.	whirlwind
[13]*avis, -is* f.	bird
[14]*monstrum, -i* n.	monster
[15]*bestia, -ae* f.	beast

Tacfarinas (1)

*Furius Camillus, governor of Africa, routs a rebellion
led by Tacfarinas.*

During the same year war broke out in Africa.

dux hostium erat Tacfarinas.[1] is miles auxiliarius[2] in castris Romanis fuerat priusquam ad hostes perfugit. primum latrones[3] convocare coepit; deinde homines in cohortes instruebat; denique dux non solum exercitus sed etiam totius Musulamiorum[4] terrae factus est. ea gens valida sine ullis urbibus prope deserta[5] iacet. Tacfarinas[1] copias suas divisit: lectos viros in modo Romano armatos[6] in castris retinebat; ceteros emisit ad incendia[7] ac terrorem circumferendum. tum Camillus unam legionem et quod sociorum habebat contra hostes duxit. quamquam copias tam paucas habebat, tamen veritus est ne hostes metu non pugnarent. qui spe victoriae incitati Romanos acriter oppugnaverunt. Romani autem hostes facile vicerunt. tanta quidem fuit victoria ut multis post annis nomen Camilli notissimum esset. Tiberius[8] imperator eum apud senatum laudavit; senatores decreverunt[9] ei triumphum,[10] quem Camillus, ob modestiam[11] vitae, sine periculo sibi habere potuit.

Tacitus, *Annals* 2.52 (adapted)

[1]*Tacfarinas, -atis* m.	Tacfarinas
[2]*auxiliarius, -a, -um*	auxiliary
[3]*latro, -onis* m.	robber
[4]*Musulamii, -orum* m. pl.	Musulamians (an African people)
[5]*deserta, -orum* n. pl.	desert
[6]*armo, armare, armavi, armatus*	I arm
[7]*incendium, -i* n.	fire
[8]*Tiberius, -i* m.	Tiberius
[9]*decerno, decernere, decrevi, decretus*	I decree, vote
[10]*triumphus, -i* m.	triumphal procession
[11]*modestia, -ae* f.	modesty, unassuming nature

Tacfarinas (2)

*Tacfarinas tries again but, after an initial victory that shames
the Roman cohort, he is defeated by a small force.*

I have already mentioned Tacfarinas' defeat in the preceding summer.

proximo anno Tacfarinas[1] bellum in Africa renovavit.[2] primo praedae
causa impetus faciebat celeriores quam Romani punire possent; deinde
vicos[3] delebat; postremo cohortem Romanam aggredi ausus est. hanc
cohortem ducebat Decrius,[4] vir belli peritus.[5] is milites suos pro castris
instruxit ut in loco aperto pugnarent. ubi primo impetu hostium cohors
pulsa est, ipse inter tela currens fugientes consistere iussit. tum,
quamquam vulneratus est – oculus enim transfossus erat[6] – hostes oppugnare coepit neque pugnare desiit donec relictus a suis cecidit.

de quibus postquam proconsul[7] certior factus est, propter dedecus[8]
suorum iratissimus fuit. decimum igitur quemque illius cohortis sorte
ductum[9] necavit. tam saeva erat haec poena ut paucis diebus parva manus
militum easdem copias Tacfarinatis,[1] praesidium Romanum aggressas,
fuderit. Tacfarinas,[1] qui post illam cladem exercitum Romanum vitare
conabatur, oppida vicosque oppugnando magnam praedam adeptus est;
quo onere lentius progrediens oppugnatus victus est.

Tacitus, *Annals* 3.20-21 (adapted)

[1]*Tacfarinas, -atis* m.	Tacfarinas
[2]*renovo, renovare, renovavi, renovatus*	I renew
[3]*vicus, -i* m.	village
[4]*Decrius, -i* m.	Decrius
[5]*peritus, -a, -um* + gen.	experienced in
[6]*transfodio, -fodere, -fodi, -fossus*	I pierce
[7]*proconsul, -is* m.	proconsul (provincial governor)
[8]*dedecus, -oris* n.	disgrace
[9]*sorte ductus, -a, -um*	chosen by lot

Tacfarinas (3)

Tacfarinas tries yet again, but is defeated by the Roman commander, Blaesus, who uses Tacfarinas' own tactics against him.

Tacfarinas, despite his earlier reverses, recruited further forces in the heart of Africa.

Tacfarinas[1] legatos ad Tiberium[2] misit, ut sibi atque exercitui suo terras postularent, utque bellum Romanis minarentur, nisi hae terrae datae essent. haec contumelia[3] Tiberium[2] ad summam iram incitavit: ne Spartaco[4] quidem, postquam tot exercitus Romanos vicit, permissum erat tali modo pacem componere. Tiberius[2] Blaeso legato imperavit ut ceteros hostes arma deponere sineret, sed ipsum Tacfarinatem[1] quoquo modo caperet. itaque plurimis hostium ad pacem versis, Blaesus omnes copias contra ducem eosque qui in fide manebant mittere potuit. cum Blaesus cognovisset eum insidias potius quam proelia malle, easdem temptare[5] constituit. hoc modo multi Tacfarinatis[1] socii aut occisi aut circumventi sunt. nec, ut mos erat, copias in hiberna[6] retraxit, sed multas manus militum ad Tacfarinatem[1] oppugnandum misit, donec fratre eius capto se Romanis tradidit. Tiberius[1] Blaeso magnos honores[7] dedit.

Tacitus, Annals 3.73-74 (adapted)

[1]*Tacfarinas, -atis* m.	Tacfarinas
[2]*Tiberius, -i* m.	Tiberius (Roman emperor)
[3]*contumelia, -ae* f.	insult
[4]*Spartacus, -i* m.	Spartacus (leader of a slave revolt)
[5]*tempto, temptare, temptavi, temptatus*	I try, attempt
[6]*hiberna, -orum* n. pl.	winter quarters
[7]*honos, -oris* m.	honour

Mutiny (1)

Mutiny breaks out among the Roman legions in Pannonia.

The change of emperor in Rome had spurred many soldiers on to hopes of anarchy.

inter legiones Pannonicas[1] erat seditio.[2] milites otium cupientes iam laborem spernebant. erat in castris Percennius[3] quidam, miles qui peritus[4] loquendi animos ceterorum incitare coepit. 'cur,' inquit, 'paucis centurionibus, paucioribus tribunis[5] pareamus?' mox pessimus quisque eum tamquam ducem sequebatur. postremo tantus erar furor ut tres legiones in unam iungere vellent. cum legatus, Blaesus[6] nomine, seditionem[2] comprimere[7] conaretur, milites eum audire noluerunt. tandem filium suum Romam invitus misit mandata[8] eorum ferentem. profecto iuvene, milites paulisper quiescebant;[9] sed gaudebant, quod filius legati causam suam dicendo ostenderet ea vi expressa esse,[10] quae rogando non obtinuissent.[11] interea manus quaedam militum, quae ante coeptam seditionem[2] missae erant ad reficiendos pontes, simulac de seditione[2] certiores factae sunt, oppida proxima diripere[12] coeperunt. centuriones, qui eos comprimere[7] conabantur, primum deridebant[13] deinde verberabant;[14] postremo ad castra redierunt. quorum adventu[15] seditio[2] renovata est.[16] Blaesus[6] ipse vix caedem effugit.

Tacitus, *Annals* 1.16-23 (adapted)

[1]*Pannonicus, -a, -um*	Pannonian (i.e. of Pannonia, a Roman province in Europe)
[2]*seditio, -onis* f.	mutiny
[3]*Percennius, -i* m.	Percennius
[4]*peritus, -a, -um*	skilled
[5]*tribunus, -i* m.	tribune (an army officer)
[6]*Blaesus, -i* m.	Blaesus
[7]*comprimo, comprimere, compressi, compressus*	I quell, subdue
[8]*mandata, -orum* n. pl.	orders, demands
[9]*quiesco, quiescere, quievi, quietus*	I am quiet
[10]*exprimo, exprimere, expressi, expressus*	I extract
[11]*obtineo, obtinere, obtinui, obtentus*	I obtain
[12]*diripio, diripere, diripui, direptus*	I plunder
[13]*derideo, deridere, derisi, derisus*	I mock, jeer at
[14]*verbero, verberare, verberavi, verberatus*	I strike
[15]*adventus, -us* m.	arrival
[16]*renovo, renovare, renovavi, renovatus*	I renew

Mutiny (2)

Drusus is sent to deal with the mutiny, which collapses for reasons of superstition.

The news of the mutiny was brought to the emperor Tiberius in Rome.

Tiberius coactus est filium suum, Drusum nomine, cum paucis nobilibus duabusque praetoriis[1] cohortibus mittere. ille iussus est facere id quod res ipsa posceret. Druso appropinquanti legiones Pannonicae[2] obviam iverunt, non laetae, ut solebant, sed insolentes.[3] simulac Drusus castra intravit, omnes milites circum eum ingenti agmine convenerunt. Drusus stabat, silentium manu poscens. illi, propter metum Caesaris ac licentiae[4] cupidinem[5], aeque timebant terrebantque. tandem omnibus vix tacentibus litteras patris recitavit, in quibus imperator fortissimas legiones laudavit, quibuscum plurima bella gessisset; promisit se causam eorum apud senatum dicturum esse; misisse interea filium, ut sine mora ea concederet[6] quae posset. militibus tamen minime placatis,[7] Drusus, qui noluit concedere[6] omnia quae magnis vocibus postulabant, e castris invitus discedere coepit. deinde luna claro in caelo repente languescere[8] visa est. hoc milites omen[9] putaverunt. ad lacrimas versi arma deiecerunt. postridie promiserunt se ad officium redituros esse.

Tacitus, *Annals* 1.24-28 (adapted)

[1]*praetorius, -a, -um*	praetorian (referring to troops stationed in Rome to guard the emperor)
[2]*Pannonicus, -a, -um*	Pannonian (i.e. of Pannonia, a Roman province in Europe)
[3]*insolens, -entis*	insolent
[4]*licentia, -ae* f.	freedom (to do as they liked)
[5]*cupido, -inis* f.	desire
[6]*concedo, concedere, concessi, concessus*	I concede, grant
[7]*placo, placare, placavi, placatus*	I satisfy
[8]*languesco, languescere, langui*	I become faint
[9]*omen, -inis* n.	omen, portent

Ambush

The Romans extricate themselves from a German ambush.

Germanicus ordered his legions to plunder the country, killing all the Germans they found. The carnage brought other German tribes into the field.

Germani[1] saltum,[2] per quem Romanis regrediendum erat, occupaverunt. postquam de hoc Germanicus[3] forte certior factus est, aut ad pugnandum aut ad iter per saltum[2] faciendum profectus est. equites et auxiliariae[4] cohortes ducebant; prima legio sequebatur; ad sinistram dextramque ibant aliae duae legiones; post illos cum ceteris sociis procedebat vicesima[5] legio. sed hostes, donec totum agmen per saltum[2] iter faceret, stabant immoti;[6] deinde latera et frontem[7] modice[8] aggredientes, tota vi tergum oppugnaverunt. leves cohortes a densis Germanorum[1] copiis turbabantur,[9] cum Germanicus[3] militibus, qui in medio agmine contendebant, voce magna imperavit ut festinarent ad comites iuvandos. eius verbis incitati uno impetu perruperunt hostes inque loca aperta actos occiderunt. simul copiae primi agminis e saltu[2] egressae castra posuerunt. inde iter quietum erat; milites ob hanc victoriam audaciores priorumque obliti brevi tempore in hiberna[10] ducti sunt.

Tacitus, *Annals* 1.51 (adapted)

[1]*Germanus, -a, -um*	German
[2]*saltus, -us* m.	mountain pass
[3]*Germanicus, -i* m.	Germanicus (a Roman general)
[4]*auxiliarius, -a, -um*	auxiliary
[5]*vicesimus, -a, -um*	twentieth
[6]*immotus, -a, -um*	motionless
[7]*frons, frontis* f.	front
[8]*modice*	lightly, without force
[9]*turbo, turbare, turbavi, turbatus*	I throw into confusion
[10]*hiberna, -orum* n. pl.	winter quarters

Lepida

*Lepida is charged with many crimes and, despite rousing
public sympathy, is found guilty.*

In Rome Lepida, who was the granddaughter of Sulla and Pompey and belonged to the great Aemilian family, was charged with counterfeit pregnancy (her husband, Quirinius, was childless), adultery, poisonings and treason.

maritus Lepidae magnam populi iram in se excitavit, quod uxorem repudiatam[1] adhuc vituperabat.[2] ubi coepta est cognitio,[3] haud facile erat cognoscere quid imperator putaret: signa enim et irae et clementiae[4] pariter praebuit. primum enim senatores hortatus est ne crimen maiestatis[5] magni haberent;[6] deinde quibusdam senatorum persuasit ut hoc idem facinus referrent. denique servos Lepidae, qui in carcere[7] tenebantur, per tormenta[8] interrogari[9] non passus est de rebus quae ad domum suam pertinerent.[10]

Lepida, ubi dies ludorum cognitionem[3] impediebant, theatrum[11] cum claris feminis ingressa est; lacrimis profusis tantam turbae misericordiam[12] excitavit ut verbis saevis aggressi sint maritum eius quia in matrimonium[13] duxisset feminam ad familiam nobiliorem destinatam.[14]

deinde tormentis[8] servorum facinora Lepidae aperta sunt. tandem imperator senatoribus nuntiavit se a servis Quirinii cognovisse Lepidam conatam esse maritum suum veneno[15] occidere. senatores censuerunt[16] ut ea in exilium expelleretur. Tacitus, *Annals* 3.22-23 (adapted)

[1]*repudio, repudiare, repudiavi, repudiatus*	I divorce
[2]*vitupero, vituperare, vituperavi, vituperatus*	I curse, blame
[3]*cognitio, -onis* f.	trial
[4]*clementia, -ae* f.	clemency, mercy
[5]*maiestas, -atis* f.	treason
[6]*habeo, habere, habui, habitus*	(here) I consider, value
[7]*carcer, -eris* m.	prison
[8]*tormenta, -orum* n. pl.	torture
[9]*interrogo, interrogare, interrogavi, interrogatus*	I question
[10]*pertineo, pertinere, pertinui, pertentus*	I pertain, relate
[11]*theatrum, -i* n.	theatre
[12]*misericordia, -ae* f.	pity
[13]*matrimonium, -i* n.	marriage
[14]*destino, destinare, destinavi, destinatus*	I destine
[15]*venenum, -i* n.	poison
[16]*censeo, censere, censui, census*	I decree

Clutorius Priscus

Clutorius Priscus is executed for a treasonable offence.

The following story happened at the end of the year.

Clutorius Priscus, eques Romanus et quoque poeta, carminibus scribendis dives factus erat: nam paucis ante annis carmen composuerat quo mortem Germanici,[1] imperatoris notissimi, dolebat. hoc carmen tantum gaudium apud cives excitaverat, qui Germanicum[1] maxime amaverant, ut imperator magnam pecuniam ei dederit. nunc delator[2] quidam eum sceleris accusavit[3]: dixit enim eum alterum carmen aegro[4] Druso[5] nuper scripsisse, sperantem si ille mortuus esset se etiam maius praemium ab imperatore accepturum esse. id Clutorius in domo consulis multis et nobilibus feminis stultissime professus est.[6] ubi delator[2] haec ad senatum rettulit, illae feminae arcessitae sunt; quarum quamquam una se quidquam audivisse negavit, ceterae tam perterritae erant ut verum testimonium[7] dixerint. senatores quidem maluerunt eis credere, quae culpam Clutorii confessae sunt.[8] in senatu igitur consul ultimum supplicium[9] censuit.[10] cum hoc omnibus senatoribus placuisset, poeta ad mortem condemnatus est.

Tacitus, Annals 3.49 (adapted)

[1]*Germanicus, -i* m.	Germanicus (a general and nephew of the emperor Tiberius)
[2]*delator, -oris* m.	informer
[3]*accuso, accusare, accusavi, accusatus*	I accuse
[4]*aeger, -gra, -grum*	sick
[5]*Drusus, -i* m.	Drusus (brother of Tiberius)
[6]*profiteor, profiteri, professus sum*	I openly admit
[7]*testimonium, -i* n.	testimony, evidence
[8]*confiteor, confiteri, confessus sum*	I admit
[9]*supplicium, -i* n.	penalty, punishment
[10]*censeo, censere, censui, census*	I propose

Aris

*Cicero, a barrister, suggests in court that Aris and a woman known only
as the mother of Bostar were responsible for the death of Aris' wife
in Sardinia. He addresses the barrister acting in their defence.*

I do not want you to imagine that my allegations are an invention of my own.

Aris[1], maritus mulieris mortuae, matrem pessimam Bostaris[2] iam diu
sceleste[3] amabat. is cum timeret suam uxorem, anum[4] divitem sed moles-
tam,[5] neque eam habere in matrimonio[6] propter naturam diram neque
dimittere propter dotem[7] volebat. itaque consilium cepit, ut et ipse et
mater Bostaris[2] Romam venirent: promisit se eam in matrimonium[6] ibi
ducturum esse. iam tibi explicabo[8] quae fuerint opiniones[9] in Sardinia[10]
de morte istius mulieris: nam fuerunt duae. altera opinio[9] fuit uxorem
Arinis[1], dolore incitatam, cum audivisset Arinem[1] cum illa muliere Romam ivisse ut eam in matrimonium[6] duceret, mori quam id pati maluisse.
altera opinio[9] etiam magis credita est: Arinem[1], priusquam Romam profectus esset, liberto imperavisse ut collum[11] uxoris digitis[12] premeret[13] et
resticulam[14] circumdaret,[15] ut illa periisse suspendio[16] videretur. anu[4]
mortua ille libertus statim Romam profectus est; Aris[1] autem, simulac
libertus eum de morte uxoris certiorem fecit, sine mora matrem illam
Bostaris[2] in matrimonium[6] duxit.

Cicero, *Pro Scauro* 5-6 (adapted)

[1]*Aris, -inis* m.	Aris
[2]*Bostar, -is* m.	Bostar
[3]*sceleste*	wickedly
[4]*anus, -us* f.	old woman
[5]*molestus, -a, -um*	troublesome
[6]*matrimonium, -i* n.	marriage
[7]*dos, dotis* f.	dowry
[8]*explico, explicare, explicavi, explicatus*	I explain, describe
[9]*opinio, -onis* f.	opinion
[10]*Sardinia, -ae* f.	Sardinia
[11]*collum, -i* n.	neck
[12]*digitus, -i* m.	finger
[13]*premo, premere, pressi, pressus*	I press, squeeze
[14]*resticula, -ae* f.	cord, rope
[15]*circumdo, -dare, -dedi, -datus*	I put round
[16]*suspendium, -i* n.	hanging

Wives (1)

Should wives accompany their husbands on tours of duty?
Caecina Severus argues against the motion.

The senate was informed by Tiberius that there was an uprising in Africa. He asked them to choose a proconsul who could take over the province and deal with the problem. The debate turned to more general issues.

senatores agebant[1] de magistratibus[2] Romanis qui provincias administrabant.[3] primum locutus est Caecina Severus:[4] 'nullus,' inquit, 'magistratus,[2] cui provincia data est, uxorem secum ducat. ego uxorem habeo quae mihi sex liberos dedit. quamquam ipse quadraginta magistratus[2] multis in provinciis habui, uxorem, quam magnopere amo, semper domi reliqui. haud enim frustra diu nobis placebat ne feminae in gentes externas[5] traherentur: nam si feminae adsunt, bella metu, pacem luxu[6] morantur; Romanum agmen in pompam[7] barbaram[8] vertunt. mulieres non solum impares[9] laboribus, sed etiam, si ita dicere permittitur, saevae et potestatis avidae sunt; inter milites eunt, centurionibus imperant, etiam placet cohortes exercere.[10] nolite oblivisci, patres,[11] quotiens magistratus[2] quidam scelerum accusetur,[12] saepe plura crimina in eius uxorem inferi.[13] in provinciis pessimus quisque cum feminis Romanis negotium agere solet. feminae vero, quae olim domos regebant, nunc fora atque etiam exercitus regunt.'

Tacitus, Annals 3.33 (adapted)

[1]*ago, agere, egi, actus*	(here) I discuss, debate
[2]*magistratus, -us* m.	magistrate, public official, public office
[3]*administro, administrare, administravi, administratus*	I administer
[4]*Caecina Severus, Caecinae Severi* m.	Caecina Severus (a senator)
[5]*externus, -a, -um*	foreign
[6]*luxus, -us* m.	luxury, extravagance
[7]*pompa, -ae* f.	procession, parade
[8]*barbarus, -a, -um*	barbarian
[9]*impar, -is* + dat.	not equal to
[10]*exerceo, exercere, exercui, exercitus*	I train
[11]*patres, -um* m. pl.	senators
[12]*accuso, accusare, accusavi, accusatus*	I accuse
[13]*infero, inferre, intuli, inlatus*	I bring (charges)

Wives (2)

Caecina's proposal is defeated.

Valerius Messalinus, an eloquent man, replied to Caecina Severus.

'multa,' inquit, 'quae prius dura fuerunt iam meliora sunt; neque enim iam urbs bellis obsidetur, nec provinciae hostiles[1] sunt. in pace uxores omnium rerum participes[2] sunt; quamquam bella viris gerenda sunt, quid melius est viris post labores regredientibus quam uxor? at quaedam sunt potestatis pecuniaeve avidae? quid? nonne ipsi magistratus[3] in flagitia[4] saepe labuntur? dicis maritos pravitate[5] uxorum corruptos esse:[6] num ergo omnes caelibes[7] sunt integri?[8] haud iustum est ob unius aut alterius facinora omnes feminas maritis abripi. neque oportet nos feminas in urbe relinquere, ubi ad suum luxum,[9] cupidines[10] aliorum exponuntur.[11] vix custodiri possunt dum mariti tres vel quattuor annos absunt.'

pauca addidit Drusus:[12] 'quotiens divus Augustus[13] in provincias ivit comite Livia![14] ego ipse in multas provincias iter feci, sed numquam aequo animo si carissima uxor hic relinquenda est.'

sic sententia Caecinae elusa est.[15]

Tacitus, *Annals* 3.33 (adapted)

[1]*hostilis, -is, -e*	hostile
[2]*particeps, -cipis* + gen.	sharing in
[3]*magistratus, -us* m.	magistrate, public official
[4]*flagitium, -i* n.	vice, shameful deed
[5]*pravitas, -atis* f.	wicked nature
[6]*corrumpo, corrumpere, corrupi, corruptus*	I corrupt
[7]*caelebs, -ibis*	unmarried, single
[8]*integer, -gra, -grum*	pure, uncorrupted
[9]*luxus, -us* m.	extravagance
[10]*cupido, -inis* f.	desire
[11]*expono, exponere, exposui, expositus*	I expose
[12]*Drusus, -i* m.	Drusus (a prince)
[13]*Augustus, -i* m.	Augustus (a previous emperor)
[14]*Livia, -ae* f.	Livia (wife of Augustus)
[15]*eludo, eludere, elusi, elusus*	I defeat, block

Vespasianus

Vespasianus is hailed as emperor while fighting against the Jews.

There was a widespread belief throughout Asia that certain men would set out from Judaea at that time in order to rule the whole world. The Jews believed that these men would be from among themselves.

Iudaei[1] igitur bellum contra Romanos gerere coeperunt. legato multisque militibus occisis aquilam[2] ceperunt. ad hunc tumultum comprimendum,[3] cum opus esset duce fortissimo, Vespasianus delectus est.[4] is legiones suas ad victoriam iam saepe duxerat, sed propter genus ac nomen humile[5] imperatori haud timendus erat. additis ad copias duabus legionibus plurimisque equitibus, suum filium inter legatos designavit.[6] ubi primum ad provinciam pervenit, duo proelia tam audacter commisit ut ipse vulneratus sit.

Vespasianus post has victorias oraculum[7] in Iudaea[8] consuluit: sacerdotes promiserunt, quicquid cogitaret inque animo volveret, id factum iri. haud multo post tribus hominibus imperium sibi cupientibus bellum civile[9] Romae ortum est. legiones Vespasiani statim eum oraverunt ut ipse imperium peteret. simulac ceteri occisi sunt, Romam regressus imperator appellatus est.[10] id vero praedictum,[11] ut iam intellegitur, de imperatore Romano et sociis eius, non Iudaeis,[1] erat.

Suetonius, *The Deified Vespasian* 4-6 (adapted)

[1]*Iudaeus, -i* m.	Jew
[2]*aquila, -ae* f.	eagle, legionary standard
[3]*comprimo, comprimere, compressi, compressus*	I suppress
[4]*deligo, deligere, delegi, delectus*	I choose, appoint
[5]*humilis, -is, -e*	low, humble
[6]*designo, designare, designavi, designatus*	I appoint
[7]*oraculum, -i* n.	oracle (where the future was predicted)
[8]*Iudaea, -ae* f.	Judaea
[9]*civilis, -is, -e*	civil
[10]*appello, appellare, appellavi, appellatus*	I call, hail
[11]*praedictum, -i* n.	prediction

Moses

Moses leads the Jews from Egypt to a new homeland.

There are various theories about the origin of the Jews. Some say they came from Crete, others from Egypt, others again from Assyria.

plurimi auctores[1] consentiunt,[2] postquam tabes[3] per Aegyptum[4] orta esset, quae corpora deleret, regem Bocchorim[5] ad oraculum[6] Hammonis[7] contendisse ad remedium[8] petendum. oraculum[6] regi imperavit ut populum Iudaeum,[9] qui deis odio esset, alias in terras expelleret. itaque totum genus collatum in locis desertis[10] relictum est. ibi, cum ceteri per lacrimas nihil facerent, Moyses[11] eos monuit ne opem[12] deorum hominumve expectarent, cum ab utrisque deserti essent,[10] sed ut crederent illi qui primus e praesentibus[13] malis eos duceret. Iudaei consenserunt[2] atque iter inceperunt. sed mox nullam aquam habentes confecti sunt, iamque haud procul morte per campos iacebant, cum asinos[14] agrestes[15] ad collem arboribus densum adire conspexerunt. quos secutus Moyses[11] intellexit aquam sub illa terra esse. mox magnum fontem aquae aperuit. viribus ita redditis, iter sex dierum fecerunt; septimo die agros populo expulso adepti sunt, in quibus urbem et templum aedificaverunt.

Tacitus, *Histories* 5.3 (adapted)

[1]*auctor, -oris* m.	author, writer
[2]*consentio, consentire, consensi, consensus*	I agree
[3]*tabes, -is* f.	plague, pestilence
[4]*Aegyptus, -i* f.	Egypt
[5]*Bocchoris, -is (acc. -im)* m.	Bocchoris (pharaoh of Egypt in the late 8th century BC)
[6]*oraculum, -i* n.	oracle (where predictions were made)
[7]*Hammon, -onis* m.	Ammon (an Egyptian god)
[8]*remedium, -i* n.	remedy, cure
[9]*Iudaeus, -a, -um*	Jewish, Jew
[10]*desero, deserere, deserui, desertus*	I desert
[11]*Moyses, Moysis* m.	Moses (a Jewish leader)
[12]*opem* f.	help
[13]*praesens, -entis*	present
[14]*asinus, -i* m.	ass
[15]*agrestis, -is, -e*	wild

Codrus

Codrus, the king of Athens, achieves victory for his city through self-sacrifice.

Eighty years after Troy was captured by the Greeks, the descendants of Pelops, who had held power over the Peloponnese (south-western Greece) for many years, were expelled by the descendants of Hercules.

Peloponnesii,[1] iam novam domum quaerentes, totam per Graeciam[2] multos annos iter fecerunt. eodem fere tempore Athenae[3] sub regibus esse desierunt, quarum ultimus rex fuit Codrus, vir fortissimus. cum enim Peloponnesii,[1] spe illic habitandi incitati, Athenas[3] gravi bello aggrederentur, Athenienses[4] legatos Delphos[5] ad oraculum[6] miserunt, qui deum rogarent quid facere deberent. respondit Pythius,[7] quorum dux ab hoste occisus esset, eos futuros esse in bello victores. Codrus igitur deposita statim veste regia[8] pastoralem[9] induit[10] vestem. ingressus castra hostium, in medios fortiter ibat omnes magna voce vituperans.[11] hostes eum spectaverunt attoniti. mox occisus est a milite quodam, qui nesciebat quis esset. hoc modo Codrus morte sua aeternam[12] famam adeptus est, Athenienses[4] victoriam. victi Peloponnesii[1] Athenis[3] discesserunt. quis eum non miretur,[13] qui mortem hoc modo quaesiverit? huius filius Medon[14] primus archon[15] Athenis fuit.

Velleius Paterculus, *History of Rome* 1.2 (adapted)

[1]*Peloponnesii, -orum* m. pl. — the Peloponnesians (i.e. the descentants of Pelops)
[2]*Graecia, -ae* f. — Greece
[3]*Athenae, -arum* f. pl — Athens (a city in Greece)
[4]*Athenienses, -ium* m. pl. — the Athenians
[5]*Delphi, -orum* m. pl. — Delphi (site of the oracle of Apollo)
[6]*oraculum, -i* n. — oracle (where predictions were made)
[7]*Pythius, -i* m. — the Pythian god (i.e. Apollo)
[8]*regius, -a, -um* — royal
[9]*pastoralis, -is, -e* — of a shepherd
[10]*induo, induere, indui, indutus* — I put on
[11]*vitupero, vituperare, vituperavi, vituperatus* — I curse
[12]*aeternus, -a, -um* — eternal
[13]*miror, mirari, miratus sum* — I admire
[14]*Medon, -ontis* m. — Medon
[15]*archon, archontis* m. — archon (chief magistrate at Athens)

Part 2. A2 Unseens

This section contains twenty-four prose passages and twenty verse passages. Cicero, Caesar and Livy have eight passages each; Ovid supplies all the verse passages: ten from the *Metamorphoses* and ten from his elegiac poems. The collection therefore is entirely focused on the examination Specification, and provides either eight or ten passages for each year's prescription.

Within their groups the passages are not arranged in any particular order. The level of difficulty within each group inevitably varies slightly, as is the case with the passages chosen for the examinations.

These passages differ from the AS passages firstly in that they are essentially unadapted. The only changes to the prose passages are omission of inessential words and phrases and rare substitutions of words for clarification; in the verse passages the only modification is the omission of lines for the purpose of simplification. The second major difference is in expectations of vocabulary. The Specification does not currently prescribe a Defined Vocabulary List for A2 level. Glossing, therefore, is determined by individual circumstances: if a word is rare, or if it is important for an understanding of the surrounding passage, it will be glossed. Students will need to be encouraged to develop their ability to guess intelligently. They should realise that even the best candidates at A2 level are expected to have to guess some words, and that, in theory at least, all the unglossed words should be deducible either from the context or from related or derivative words.

The principle for marking A2 unseens is similar to that employed at AS level. The main difference is that bonus marks for good English at A2 are *additional* to the raw total for the accuracy of translation, whereas at AS they are *integral* to the raw total. This means that at A2 level, candidates can score 100 % even when they have made several errors in their translation, because the bonus marks they have been awarded for their good English have compensated for the errors. The reason for this difference is that, traditionally, no candidate ever scored full marks on the unseen paper; the new, more generous scheme enables a small number to achieve this goal and so to satisfy the requirements of the UMS marking system. To redress the balance, the awarding of bonus marks is less generous at A2 level: only one bonus mark will be awarded for improving ablatives absolute, for example, and normally no bonus is given for correct handling of indirect statements.

Piso

*Cicero attacks Piso's administration of the province of Macedonia,
arguing that he has taken bribes and allowed the province,
including its Roman garrison, to be ruined.*

Our army there, which was raised by a very strict conscription, has now
completely fallen apart.

magno hoc dico cum dolore. miserandum in modum milites populi
Romani capti, necati, deserti, dissipati sunt, incuria,[1] fame, morbo, vasti-
tate[2] consumpti, ut, quod est indignissimum, scelus imperatoris poena
exercitus expiatum esse[3] videatur. atque hanc Macedoniam, domitis[4] iam
gentibus finitimis, barbarisque compressis, pacatam ipsam per se et
quietam, tenui praesidio atque exigua manu etiam sine imperio per
legatos nomine ipso populi Romani tuebamur; quae nunc consulari[5]
imperio atque exercitu ita vexata est, ut vix se possit diuturna[6] pace
recreare; cum interea quis vestrum hoc non audivit, quis ignorat,
Achaeos[7] ingentem pecuniam pendere L. Pisoni[8] quotannis,[9] urbem
Byzantiorum[10] vobis atque huic imperio fidelissimam hostilem in modum
esse vexatam? quo ille, posteaquam nihil exprimere ab egentibus,[11] nihil
ulla vi a miseris extorquere potuit, cohortes in hiberna misit; iis praepo-
suit, quos putavit fore diligentissimos satellites[12] scelerum, ministros[13]
cupiditatum suarum.

Cicero, *De Provinciis Consularibus* 3

[1]*incuria, -ae* f. — neglect
[2]*vastitas, -atis* f. — ruin
[3]*expio, expiare, expiavi, expiatus* — I atone for, expiate
[4]*domo, domare, domui, domitus* — I subdue
[5]*consularis, -is, -e* — consular
[6]*diuturnus, -a, -um* — long-lasting
[7]*Achaei, -orum* m. pl. — Achaeans (inhabitants of Achaea, part of Greece)

[8]*L. Piso, -onis* m. — Lucius Piso
[9]*quotannis* — every year
[10]*Byzantii, -orum* m. pl. — inhabitants of Byzantium
[11]*egeo, egere* — I am needy, am poor
[12]*satelles, -itis* m. — accomplice, partner
[13]*minister, -tri* m. — attendant, helper

Pompey

*Cicero reviews the victories of Pompey that have brought
peace to the Roman empire.*

What ought I, a senator, to do, considering that I am supposed to consult the
senate?

ego vero sic intellego, patres conscripti, nos hoc tempore in provinciis
decernendis perpetuae pacis habere oportere rationem. nam quis hoc non
sentit, omnia alia esse nobis vacua ab omni periculo atque etiam suspi-
cione belli? iam diu mare videmus illud immensum, cuius fervore[1] non
solum maritimi cursus, sed urbes etiam et viae militares iam tenebantur,
virtute Cn. Pompei[2] sic a populo Romano ab Oceano[3] usque ad ultimum
Pontum[4] tamquam unum aliquem portum tutum et clausum teneri; natio-
nes eas, quae numero hominum ac multitudine ipsa poterant in provincias
nostras redundare,[5] ita ab eodem esse partim[6] recisas,[7] partim[6] repressas,
ut Asia,[8] quae imperium antea nostrum terminabat, nunc tribus novis
provinciis ipsa cingatur. possum de omni regione, de omni genere
hostium dicere. nulla gens est, quae non aut ita sublata sit, ut vix exstet,[9]
aut ita domita,[10] ut quiescat, aut ita pacata, ut victoria nostra imperioque
laetetur.

Cicero, *De Provinciis Consularibus* 12

[1]*fervor, -oris* m. — unrest
[2]*Cn. Pompeius, -i* m. — Gnaeus Pompeius (Pompey)
[3]*Oceanus, -i* m. — the Ocean (in the far West)
[4]*Pontus, -i* m. — the Black Sea (in the far East)
[5]*redundo, redundare, redundavi, redundatus* — I pour into, sweep into
[6]*partim* — partly
[7]*recido, recidere, recidi, recisus* — I cut off
[8]*Asia, -ae* f. — Asia (a Roman province)
[9]*exsto, exstare* — I exist
[10]*domo, domare, domui, domitus* — I subdue

Octavian

Cicero praises the young Gaius Caesar Octavianus for blocking
the return to Italy of Marcus Antonius.

Why has Gaius Caesar not received at the first opportunity the full authority of the state?

C. Caesar adulescens, paene potius puer, incredibili ac divina quadam mente atque virtute, tum, cum maxime furor arderet Antoni, cumque eius a Brundisio[1] crudelis et pestifer reditus timeretur, nec postulantibus nec cogitantibus nobis, quia non posse fieri videbatur, firmissimum exercitum ex invicto genere veteranorum[2] militum comparavit patrimoniumque[3] suum effudit – quamquam non sum usus eo verbo, quo debui – non enim effudit: in rei publicae salute conlocavit.[4] cui quamquam gratia referri tanta non potest, quanta debetur, habenda tamen est tanta quantam maximam animi nostri capere possunt. quis enim est tam ignarus rerum, tam nihil de re publica cogitans, qui hoc non intellegat: si M. Antonius a Brundisio[1] cum iis copiis, quas se habiturum putabat, Romam, ut minabatur, venire potuisset, nullum genus crudelitatis eum praeteriturum fuisse?[5] quippe qui[6] in hospitis tectis Brundisi[1] fortissimos viros optimosque cives iugulari iusserit; quorum ante pedes eius morientium sanguine os uxoris respersum esse[7] constabat.[8]

Cicero, *Philippic* 3.3-4

[1]*Brundisium, -i* n.	Brundisium (a harbour town)
[2]*veteranus, -a, -um*	veteran
[3]*patrimonium, -i* n.	inheritance, patrimony
[4]*conloco, conlocare, conlocavi, conlocatus*	I invest
[5]*praetereo, -ire, -ii, -itus*	I omit
[6]*quippe qui* + subjunctive	for in fact
[7]*respergo, respergere, respersi, respersus*	I besprinkle, spatter
[8]*constat, constare, constitit*	it is well known

Mark Antony

Cicero criticises Marcus Antonius for directing abuse at his nephew, Quintus Cicero.

Who is there that does not count Marcus Antonius an enemy?

at quam contumeliosus[1] in edictis,[2] quam barbarus, quam rudis![3] etiam Q. Ciceronem, fratris mei filium, compellat[4] edicto[2] nec sentit amens commendationem[5] esse compellationem suam. quid enim accidere huic adulescenti potuit optatius[6] quam cognosci ab omnibus Caesaris[7] consiliorum esse socium, Antoni furoris inimicum? at etiam gladiator[8] ausus est scribere hunc de patris et patrui[9] parricidio cogitasse. o admirabilem impudentiam, audaciam, temeritatem, in eum adulescentem hoc scribere audere, quem ego et frater meus propter eius suavissimos atque optimos mores praestantissimumque ingenium certatim[10] amamus omnibusque horis oculis, auribus, complexu tenemus! nam me isdem edictis[2] nescit utrum laedat[11] an laudet. cum idem supplicium minatur optimis civibus, quod ego de sceleratissimis ac pessimis sumpserim, laudare videtur, quasi imitari velit; cum autem illam pulcherrimi facti memoriam refricat,[12] tum a sui similibus invidiam aliquam in me commoveri putat.

Cicero, *Philippic* 3.15, 17-18

[1]*contumeliosus, -a, -um*	insulting
[2]*edictum, -i* n.	edict, proclamation
[3]*rudis, -is, -e*	ignorant
[4]*compello, compellare, compellavi, compellatus*	I abuse
[5]*commendatio, -onis* f.	recommendation
[6]*optatus, -a, -um*	desirable
[7]*Caesar, -ris* m.	Gaius Caesar Octavianus
[8]*gladiator, -oris* m.	gladiator (used here to insult Antonius)
[9]*patruus, -i* m.	uncle
[10]*certatim*	in rivalry
[11]*laedo, laedere, laesi, laesus*	I wound, hurt
[12]*refrico, refricare, refricavi, refricatus*	I evoke again

Autronius

*Cicero explains why he could not defend Autronius, who was
implicated in the conspiracy of Catilina.*

Autronius often came to me in floods of tears begging me to defend him.

se meum condiscipulum[1] in pueritia, familarem in adulescentia, collegam
in quaestura[2] commemorabat fuisse; multa mea in se, nonnulla sua in me
etiam proferebat officia. quibus ego rebus, iudices, ita flectebar[3] animo ut
iam ex memoria quas mihi ipsi fecerat insidias deponerem, ut iam immis-
sum esse ab eo C. Cornelium[4] qui me in meis sedibus, in conspectu uxoris
ac liberorum meorum trucidaret obliviscerer. quae si de uno me cogitavis-
set, qua mollitia sum animi ac lenitate,[5] numquam mehercule illius
lacrimis ac precibus restitissem; sed cum mihi patriae, cum vestrorum
periculorum, cum huius urbis veniebat in mentem, et cum universum
totius urbis incendium, cum tela, cum caedes versari[6] ante oculos
coeperat, tum denique ei resistebam, neque solum illi hosti ac parricidae[7]
sed his etiam propinquis illius, Marcellis,[8] patri et filio; neque me arbitra-
bar sine summo scelere posse, quod maleficium in aliis vindicavissem,[9]
idem in illorum socio defendere.

Cicero, *Pro Sulla* 6.17-20

[1]*condiscipulus, -i* m. — fellow-pupil
[2]*quaestura, -ae* f. — quaestorship
[3]*flecto, flectere, flexi, flexus* — I move, influence
[4]*C. Cornelius, -i* m. — Gaius Cornelius (a hired assassin)
[5]*lenitas, -atis* f. — gentleness
[6]*versor, versari, versatus sum* — I pass, appear
[7]*parricida, -ae* m. — father-killer
[8]*Marcelli, -orum* m. pl. — the Marcelli (relatives of Autronius)
[9]*vindico, vindicare, vindicavi, vindicatus* — I punish

Verres

Cicero catalogues the crimes allegedly committed by Verres
when governor of Sicily.

For the three years of his governorship, the courts awarded nothing to anyone
unless Verres agreed, and they would cancel any rights to inheritance if he bade
them do so.

innumerabiles pecuniae ex aratorum[1] bonis novo nefarioque instituto[2]
coactae; socii fidelissimi in hostium numero existimati; cives Romani
servilem in modum cruciati et necati; homines nocentissimi propter
pecunias iudicio liberati, honestissimi indicta[3] causa damnati et eiecti;
portus munitissimi, maximae tutissimaeque urbes piratis patefactae; nautae militesque Siculorum,[4] socii nostri atque amici, fame necati; classes
optimae cum magna ignominia[5] populi Romani amissae et perditae. idem
iste praetor monumenta antiquissima, partim regum, quae illi ornamento
urbibus esse voluerunt, partim etiam nostrorum imperatorum, quae victores civitatibus Siculis[4] aut dederunt aut reddiderunt, spoliavit omnia.
neque hoc solum in statuis ornamentisque publicis fecit, sed etiam delu-
bra[6] omnia sanctissimis religionibus consecrata depeculatus est;[7] deum
denique nullum Siculis,[4] qui ei antiquo artificio[8] factus videretur, reliquit.
in stupris[9] vero et flagitiis nefariis eius libidines commemorare pudore
deterreor; simul illorum calamitatem commemorando augere nolo quibus
liberos coniugesque suas integras ab istius petulantia[10] conservare non
licitum est.

Cicero, *In Verrem* 1.5, 13-14

[1]*arator, -oris* m.	farmer
[2]*institutum, -i* n.	regulation
[3]*indictus, -a, -um*	unheard
[4]*Siculi, -orum,* m. pl.	Sicilians
[5]*ignominia, -ae* f.	disgrace
[6]*delubrum, -i* n.	shrine, sanctuary
[7]*depeculor, depeculari, depeculatus sum*	I plunder, strip
[8]*artificium, -i* n.	workmanship
[9]*stuprum, -i* n.	sexual crime
[10]*petulantia, -ae* f.	outrageous behaviour

Self-defence

*During his defence of Sulla against charges of conspiracy, Cicero has
to defend himself against charges made by Lucius Torquatus,
the prosecuting counsel.*

And this too I shall add, so that no scoundrel may take a sudden liking to you,
Torquatus, and want something from you.

atque ut idem omnes exaudiant, clarissima voce dicam. harum rerum
omnium quas ego in consulatu pro salute rei publicae suscepi atque gessi,
L. ille Torquatus auctor, adiutor, particeps[1] exstitit.[2] parens vero eius,
homo amantissimus patriae, maximi animi, summi consilii, singularis
constantiae, cum esset aeger, tamen omnibus rebus illis interfuit;[3] studio,
consilio, auctoritate unus adiuvit plurimum, cum infirmitatem corporis
animi virtute superaret. videsne ut eripiam te ex improborum subita
gratia[4] et reconciliem bonis omnibus? qui te et diligunt et retinent retine-
buntque semper.

sed iam redeo ad causam atque hoc vos, iudices, testor: mihi de me ipso
tam multa dicendi necessitas quaedam imposita est ab illo. nam si Torquatus Sullam solum accusavisset, ego quoque hoc tempore nihil aliud
agerem nisi eum qui accusatus esset defenderem; sed cum ille tota illa
oratione in me esset invectus, etiamsi me meus dolor respondere non
cogeret, tamen ipsa causa hanc a me orationem flagitavisset.[5]

Cicero, *Pro Sulla* 12.34-35

[1]*particeps, -cipis* m.	partner
[2]*exsisto, exsistere, exstiti*	I am
[3]*intersum, interesse, interfui* + dat.	I take part in
[4]*gratia, -ae* f.	(here) popularity
[5]*flagito, flagitare, flagitavi, flagitatus*	I demand

A. Cicero

The Gauls

Cicero is defending Marcus Fonteius against a charge of corrupt practices while he was governor of Gaul. The main prosecution witnesses are Gauls. Here Cicero describes in detail the barbaric behaviour and customs of the Gauls, in order to discredit their testimony.

The Gauls even wage war against the gods themselves: these are the very tribes which once travelled far from their homes to sack the sacred oracle of Delphi.

ab iisdem gentibus obsessum Capitolium[1] est. postremo his quicquam sanctum ac religiosum[2] videri potest, qui humanis hostiis[3] deorum aras ac templa funestant,[4] ut ne religionem quidem colere possint, nisi eam ipsam prius scelere violaverint? quis enim ignorat eos usque ad hanc diem retinere illam immanem ac barbaram consuetudinem hominum immolandorum? quam ob rem quali fide, quali pietate existimatis esse eos, qui etiam deos immortales arbitrentur hominum scelere et sanguine facillime posse placari? cum his testibus vos religionem vestram coniungetis, ab his quicquam sancte aut moderate dictum putabitis? hoc vestrae mentes tam castae,[5] tam integrae sibi suscipient, ut, cum omnes legati nostri, qui illo triennio[6] in Galliam[7] venerunt, omnes equites Romani, qui in illa provincia fuerunt, omnes negotiatores eius provinciae, denique omnes in Gallia[7] qui sunt socii populi Romani atque amici, M. Fonteium incolumem esse cupiant, iurati[8] privatim et publice laudent, vos tamen cum Gallis[9] iugulare[10] malitis?

Cicero, *Pro Fonteio* 30-32 (with omissions)

[1]*Capitolium, -i* n.	the Capitol (centre of Rome)
[2]*religiosus, -a, -um*	sacred
[3]*hostia, -ae* f.	sacrifice, victim
[4]*funesto, funestare, funestavi, funestatus*	I pollute
[5]*castus, -a, -um*	pure
[6]*triennium, -i* n.	a period of three years
[7]*Gallia, -ae* f.	Gaul
[8]*iuratus, -a, -um*	under oath
[9]*Galli, -orum* m. pl.	the Gauls
[10]*iugulo, iugulare, iugulavi, iugulatus*	I murder

Petreius and Afranius (1)

While the two leading supporters of Pompey, Petreius and Afranius,
are outside their camp to protect their water supply, their men
begin to transfer their allegiance to Caesar.

On the next day the enemy leaders, dismayed because they had lost all hope of getting supplies of food and of reaching the river Ebro, met to discuss other issues.

haec consiliantibus[1] eis nuntiantur aquatores[2] ab equitatu premi nostro. qua re cognita vallum ex castris ad aquam ducere incipiunt, ut intra munitionem et sine timore et sine stationibus[3] aquari possent. id opus inter se Petreius atque Afranius partiuntur[4] ipsique perficiendi operis causa longius progrediuntur. quorum discessu liberam nacti milites colloquiorum facultatem procedunt, et quem quisque in castris Caesaris notum aut municipem[5] habebat conquirit atque evocat. primum agunt gratias omnibus, quod sibi perterritis pridie pepercissent: eorum se beneficio vivere. deinde de imperatoris fide quaerunt, rectene se illi sint commissuri,[6] et quod non ab initio fecerint armaque cum hominibus necessariis[7] et consanguineis[8] contulerint, queruntur.[9] his provocati sermonibus fidem ab imperatore de Petreii atque Afranii vita petunt, ne quod in se scelus concepisse neu suos prodidisse videantur. quibus confirmatis rebus se statim signa translaturos confirmant legatosque de pace primorum ordinum centuriones ad Caesarem mittunt.

Caesar, De Bello Civili 1.73-74

[1]*consilior, consiliari, consiliatus sum*	I discuss
[2]*aquator, -oris* m.	water-carrier
[3]*statio, -onis* f.	outpost
[4]*partior, partiri, partitus sum*	I share
[5]*municeps, -cipis* m.	fellow-townsman
[6]*committo, committere, commisi, commissus*	(here) I entrust
[7]*necessarius, -a, -um*	connected by friendship
[8]*consanguineus, -a, -um*	connected by blood
[9]*queror, queri, questus sum*	(here) I express regret

Petreius and Afranius (2)

Whereas Afranius accepts the change of allegiance, Petreius tries to prevent it by attacking and killing as many of Caesar's men as he can catch. When the remnants of these have fought their way back to their own camp, Petreius appeals to his men for loyalty.

The young son of Afranius pleaded with Caesar for his father's safety. Everywhere was full of rejoicing and congratulations. Caesar's policies won the approval of all.

quibus rebus nuntiatis Afranius ab instituto opere discedit seque in castra recipit, sic paratus, ut videbatur, ut, quicumque accidisset casus, hunc quieto et aequo animo ferret. Petreius vero non deserit sese. armat familiam; cum hac et praetoria[1] cohorte barbarisque equitibus paucis, beneficiariis[2] suis, quos suae custodiae causa habere consueverat, improviso ad vallum advolat, colloquia militum interrumpit, nostros repellit a castris, quos deprehendit interficit. reliqui coeunt inter se et repentino periculo exterriti gladios destringunt atque ita se a cohorte equitibusque defendunt castrorum propinquitate confisi seque in castra recipiunt et ab eis cohortibus, quae erant in statione ad portas, defenduntur.

quibus rebus confectis flens Petreius manipulos[3] circumit militesque appellat, neu se neu Pompeium[4], imperatorem suum, adversariis ad supplicium tradant, obsecrat. fit celeriter concursus in praetorium[5]. postulat ut iurent omnes se exercitum ducesque non deserturos neque prodituros neque sibi separatim a reliquis consilium capturos.

Caesar, De Bello Civili 1.75-76

[1]*praetorius, -a, -um*   belonging to the commander
[2]*beneficiarii, -orum* m. pl.   body-guard
[3]*manipulus, -i* m.   company (of troops)
[4]*Pompeius, -i* m.   Pompey
[5]*praetorium, -i* n.   the headquarters building

The Morini and Menapii

*The Morini and Menapii, two Gallic tribes, try a new
method of attacking the Roman army, but Caesar
quickly defeats them.*

Most tribes surrendered but a few, relying on the time of year, because winter
was approaching, failed to do this.

eodem fere tempore Caesar, etsi prope exacta iam aestas erat, tamen,
quod Morini Menapiique in armis erant neque ad eum umquam legatos
de pace miserant, arbitratus id bellum celeriter confici posse eo exercitum
adduxit; qui bellum gerere coeperunt. quod continentes[1] silvas ac
paludes[2] habebant, eo se suaque omnia contulerunt. ad quarum initium
silvarum cum Caesar pervenisset castraque munire instituisset, subito ex
omnibus partibus silvae in nostros impetum fecerunt. nostri celeriter arma
ceperunt eosque in silvas reppulerunt et compluribus interfectis longius
secuti paucos ex suis deperdiderunt. relinquis diebus Caesar silvas caed-
ere instituit et, ne quis inermibus militibus ab latere impetus fieri posset,
omnem eam materiam quae erat caesa conversam ad hostem collocabat
et pro vallo ad utrumque latus exstruebat. cum iam pecus[3] hostium ab
nostris teneretur, ipsi densiores silvas petiverunt. itaque vastatis omnibus
eorum agris Caesar exercitum reduxit et in hibernis collocavit.

Caesar, *De Bello Gallico* 3.28-29 (with omissions)

[1]*continens, continentis*   continuous, unbroken
[2]*palus, paludis* f.   marsh
[3]*pecus, -oris* n.   cattle

Varro

Varro, a commander on the staff of Pompey operating in Spain, finds himself isolated when both the local population and his own soldiers transfer their loyalty to Caesar, after the latter issued an edict summoning representatives of all the communities to meet him.

Varro made even more haste to reach Gades with his two legions, before his passage was blocked: so great was the enthusiasm of the province towards Caesar.

progresso ei paulo longius litterae Gadibus[1] redduntur: simulatque sit cognitum de edicto Caesaris, consensisse Gaditanos[2] principes cum tribunis cohortium, quae essent ibi in praesidio, ut Gallonium[3] ex oppido expellerent, insulamque Caesari servarent. hoc inito consilio denuntiavisse[4] Gallonio,[3] ut sua sponte, dum sine periculo liceret, excederet Gadibus;[1] si id non fecisset, sibi consilium capturos. hoc timore adductum Gallonium[3] Gadibus[1] excessisse. his cognitis rebus altera ex duabus legionibus ex castris Varronis adstante et inspectante ipso signa sustulit seseque Hispalim[5] recepit atque in foro et porticibus sine maleficio consedit. quod factum adeo eius conventus[6] cives Romani comprobaverunt, ut domum ad se quisque hospitio cupidissime reciperet. quibus rebus perterritus Varro, cum itinere converso sese Italicam[7] venturum praemisisset,[8] certior ab suis factus est praeclusas esse portas. tum vero omni interclusus itinere ad Caesarem nuntium mittit, paratum se esse legionem, cui iusserit, tradere.

Caesar, *De Bello Civili* 2.20

[1]*Gades, -ium* f. pl.	Gades (a city in Spain, built on an island)
[2]*Gaditani, -orum* m. pl.	the inhabitants of Gades
[3]*Gallonius, -i* m.	Gallonius (a Roman appointed by Varro as governor of Gades)
[4]*denuntio, denuntiare, denuntiavi, denuntiatus*	I order (+ dat.)
[5]*Hispalis, -is* f.	Hispalis (a town in Spain)
[6]*conventus, -us* m.	community
[7]*Italica, -ae* f.	Italica (another town in Spain)
[8]*praemitto, -mittere, -misi, -missus*	I send word

Indutiomarus

Indutiomarus, one of the two principal leaders of the Treveri, prepares to make war on Caesar but, after other chieftains promise their support to Caesar, he is forced to change his mind.

The state of the Treveri is by far the most powerful of the whole of Gaul in terms of its cavalry, and it has substantial infantry forces.

in ea civitate duo de principatu inter se contendebant, Indutiomarus et Cingetorix;[1] e quibus alter, simul atque de Caesaris legionumque adventu cognitum est, ad eum venit, se suosque omnes in officio[2] futuros neque ab amicitia populi Romani defecturos confirmavit, quaeque in Treveris[3] gererentur ostendit. at Indutiomarus equitatum peditatumque cogere bellumque parare instituit. sed postea quam non nulli principes ex ea civitate et familiaritate Cingetorigis[1] adducti et adventu nostri exercitus perterriti ad Caesarem venerunt et de suis privatim rebus ab eo petere coeperunt, quoniam civitati consulere[4] non possent, veritus ne ab omnibus desereretur Indutiomarus legatos ad Caesarem mittit: sese idcirco ab suis discedere atque ad eum venire noluisse, quo facilius civitatem in officio[2] contineret, ne omnis nobilitatis discessu plebs propter imprudentiam laberetur.[5] itaque esse civitatem in sua potestate seque, si Caesar permitteret, ad eum in castra venturum, suas civitatisque fortunas eius fidei permissurum.

Caesar, *De Bello Gallico* 5.3

[1]*Cingetorix, -igis* m.   Cingetorix
[2]*officium, -i* n.   (here) allegiance
[3]*Treveri, -orum* m. pl.   Treveri (a Gallic tribe)
[4]*consulo, consulere, consului, consultum* (+ dat.) (here) I take care of
[5]*labor, labi, lapsus sum*   (here) I make an unwise decision

The Gauls attack

A Roman army is ambushed by the Gauls. The soldiers mass together
for protection in a circle, but still suffer heavy casualties.

The enemy were ordered by their commander to throw their weapons from a
distance and not to approach too near; wherever the Romans attacked, there
they should give way; but they should pursue them when they were returning
to their standards.

quo praecepto[1] ab eis diligentissime observato, cum quaepiam[2] cohors ex
orbe excesserat atque impetum fecerat, hostes velocissime refugiebant.
interim eam partem nudari necesse erat et ab latere aperto tela recipi.
rursus cum in eum locum unde erant egressi reverti coeperant, et ab eis
qui cesserant et ab eis qui proximi steterant circumveniebantur. sin autem
locum tenere vellent, nec virtuti locus relinquebatur neque ab tanta
multitudine coniecta tela conferti[3] vitare poterant. tamen tot incommodis
conflictati,[4] multis vulneribus acceptis resistebant et magna parte diei
consumpta, cum a prima luce ad horam octavam pugnaretur, nihil quod
ipsis esset indignum committebant. tum T. Balventio,[5] qui superiore anno
primum pilum[6] duxerat, viro forti et magnae auctoritatis, utrumque femur
tragula[7] traicitur; Q. Lucanius,[8] eiusdem ordinis, fortissime pugnans, dum
circumvento filio subvenit, interficitur; L. Cotta[9] legatus omnes cohortes
ordinesque adhortans in adversum os funda[10] vulneratur.

Caesar, De Bello Gallico 5.35

[1]*praeceptum, -i* n.	order, command
[2]*quispiam, quaepiam, quodpiam*	any
[3]*confertus, -a, -um*	crowded together
[4]*conflictor, conflictari, conflictatus sum*	I am afflicted
[5]*T. Balventius, -i* m.	Titus Balventius
[6]*primus pilus, -i* m.	the first company (of a legion)
[7]*tragula, -ae* f.	javelin
[8]*Q. Lucanius, -i* m.	Quintus Lucanius
[9]*L. Cotta, -ae* m.	Lucius Cotta
[10]*funda, -ae* f.	sling

Curio

Curio attacks the town of Utica, which is defended by Varus.

Curio sent the fleet to Utica and proceeded there himself with the army.

hoc explorato loco Curio castra Vari conspicit muro oppidoque coniuncta ad portam, munita natura loci, una ex parte ipso oppido Utica, altero a theatro, quod est ante oppidum, substructionibus[1] eius operis maximis, aditu ad castra difficili et angusto. simul animadvertit multa undique portari atque agi plenissimis viis, quae repentini tumultus timore ex agris in urbem conferantur. huc equitatum mittit, ut diriperet atque haberet loco praedae; eodemque tempore his rebus subsidio[2] DC equites ex oppido peditesque CCCC mittuntur a Varo. concurrunt equites inter se; neque vero primum impetum nostrorum hostes ferre potuerunt, sed interfectis circiter CXX reliqui se in castra ad oppidum receperunt. interim adventu longarum navium Curio pronuntiare onerariis[3] navibus iubet, quae stabant ad Uticam numero circiter CC, se in hostium habiturum[4] loco, qui non ad castra sua naves traduxisset. qua pronuntiatione facta sublatis ancoris omnes Uticam relinquunt et quo imperatum est transeunt.

Caesar, *De Bello Civili* 2.25 (with omissions)

[1]*substructio, -onis* f.   foundation, substructure
[2]*subsidium, -i* n.   support, help, protection
[3]*onerarius, -a, -um*   merchant (ships)
[4]*habeo, habere, habui, habitus*   (here) I consider

Battle by the river

When Afranius learns that supplies on their way to Caesar are stopped at a river, he improvises an attack, but is beaten off.

It was reported to Afranius that a large supply column on its way to Caesar, had stopped at a river.

venerant eo pedites equitesque ex Gallia[1] cum multis carris[2] magnisque impedimentis.[3] erant praeterea hominum milia circiter VI cum servis liberisque; sed nullus ordo, nullum imperium certum; omnes sine timore iter faciebant usi superiorum temporum atque itinerum licentia. erant complures honesti adulescentes, senatorum filii et ordinis equestris; erant legationes civitatum; erant legati Caesaris. hos omnes flumina continebant. ad hos opprimendos cum omni equitatu tribusque legionibus Afranius de nocte proficiscitur imprudentesque ante missis equitibus aggreditur. celeriter sese tamen Galli equites expediunt[4] proeliumque committunt. ei, dum pari certamine res geri potuit, magnum hostium numerum pauci sustinuerunt; sed ubi signa legionum appropinquare coeperunt, paucis amissis sese in proximos montes conferunt. hoc pugnae tempus magnum attulit nostris ad salutem momentum;[5] nacti enim spatium se in loca superiora receperunt. desiderati sunt[6] eo die pedites circiter CC, equites pauci, impedimentorum[3] non magnus numerus.

Caesar, *De Bello Civili* 1.51 (with omissions)

[1]*Gallia, -ae* f.	Gaul
[2]*carrus, -i* m.	wagon
[3]*impedimentum, -i* n.	baggage, baggage animal
[4]*expedio, expedire, expedivi, expeditus*	I extricate
[5]*momentum, -i* n.	contribution, cause
[6]*desidero, desiderare, desideravi, desideratus*	I lose

Claudius

When the proconsuls Junius and Manlius defeat the Histri, the jealous
consul, Claudius, rushes to the province to try to force them to
abandon their campaign.

The Roman army passed the winter in quarters at Aquileia.

M. Iunius et A. Manlius, qui priore anno consules fuerant, principio veris
in fines Histrorum[1] exercitum introduxerunt; ubi cum effuse popularen-
tur,[2] dolor et indignatio diripi res suas cernentes Histros[1] excivit.[3]
concursu ex omnibus populis iuventutis facto repentinus et tumultuarius[4]
exercitus acrius primo impetu quam perseverantius[5] pugnavit. ad quattuor
milia eorum in acie caesa; ceteri omisso bello in civitates passim dif-
fugerunt. inde legatos primum ad pacem petendam in castra Romana,
deinde obsides imperatos miserunt. haec cum Romae cognita litteris
proconsulum essent, C. Claudius consul veritus ne forte eae res provinciam et exercitum sibi adimerent,[6] nocte profectus, praeceps in
provinciam abiit; ubi inconsultius[7] quam venerat se gessit. nam contione
advocata utrumque decedere provincia iussit. ab eis spretum consulis
imperium est; et circumfusus exercitus, favens imperatorum causae et
consuli infestus, animos ad non parendum addebat. postremo fatigatus
consul contumeliis[8] nave eadem qua venerat redit.

Livy, 41.10

[1]*Histri, -orum* m. pl.	the Histri
[2]*populor, populari, populatus sum*	I plunder
[3]*excio, excire, excivi, excitus*	I rouse
[4]*tumultuarius, -a, -um*	disorderly
[5]*perseverans, -antis*	persistent, with perseverance
[6]*adimo, adimere, ademi, ademptus*	I deprive of
[7]*inconsultus, -a, -um*	rash
[8]*contumelia, -ae* f.	insult

Uscana

Perseus, king of Macedonia, attacks the town of Uscana, which is defended by a Roman garrison.

Taking enough grain for several days, Perseus marched to Uscana, where he pitched camp.

prius tamen quam vim admoveret, missis qui temptarent nunc praefectorum praesidii, nunc oppidanorum animos. erat autem ibi Romanum praesidium. postquam nihil pacti[1] referebant oppugnare est adortus[2] et corona[3] eam capere conatus est. cum sine intermissione interdiu[4] noctuque alii aliis succedentes, pars scalas muris, pars ignem portis inferrent, sustinebant tamen eam tempestatem propugnatores[5] urbis, quia spes erat neque hiemis vim diutius pati Madedonas[6] in aperto posse. ceterum postquam vineas[7] agi turresque excitari vident, victa pertinacia[8] est. nam ne frumenti quidem aut ullius alterius rei copia intus erat, ut in necopinata[9] obsidione. itaque cum spei nihil ad resistendum esset, C. Carvilius Spoletinus[10] et C. Afranius[11] a praesidio Romano missi qui a Perseo peterent primo ut armatos suaque secum ferentes abire sineret, dein, si id minus impetrarent,[12] vitae tantum libertatisque fidem acciperent. promissum id benignius est ab rege quam praestitum:[13] exire enim sua secum efferentibus iussis primum arma, dein libertatem ademit.

Livy, 43.18 (with omissions)

[1]*pactum, -i* n.	agreement, terms
[2]*adorior, adoriri, adortus sum*	I begin
[3]*corona, -ae* f.	encirclement, siege
[4]*interdiu*	by day
[5]*propugnator, -oris* m.	defender
[6]*Macedones, -um* m. pl.	Macedonians
[7]*vinea, -ae* f.	shed (used for cover in a siege)
[8]*pertinacia, -ae* f.	determination
[9]*necopinatus, -a, -um*	unexpected
[10]*C. Carvilius Spoletinus, -i* m.	Gaius Carvilius Spoletinus
[11]*C. Afranius, -i* m.	Gaius Afranius
[12]*impetro, impetrare, impetravi, impetratus*	I gain, succeed in obtaining
[13]*praesto, praestare, praestiti, praestitus*	I fulfil, put into practice

The Volsci

The Roman consul defeats the Volsci.

The consul marched against the Volsci. By ravaging their lands, he provoked the enemy to move their camp nearer to his own, and to do battle with him.

medio inter castra campo ante suum quisque vallum infestis signis con-stiterunt. multitudine aliquantum Volsci superabant; itaque effusi et contemptim[1] pugnam inierunt. consul Romanus nec promovit aciem nec clamorem reddi passus defixis pilis stare suos iussit: ubi ad manum venisset hostis, tum coortos[2] tota vi gladiis rem gerere. Volsci, cursu et clamore fessi, cum se velut stupentibus[3] metu Romanis intulissent, postquam impressionem[4] senserunt ex adverso factam et ante oculos micare[5] gladios, haud secus[6] quam si in insidias incidissent, turbati vertunt terga; et ne ad fugam quidem satis virium fuit, quia cursu in proelium ierant. Romani contra, quia principio pugnae quieti steterant, vigentes[7] corporibus, facile adepti fessos et castra impetu ceperunt et castris exutum[8] hostem Velitras[9] persecuti uno agmine victores cum victis in urbem inruperunt; plusque ibi sanguinis promiscua[10] omnium generum caede quam in ipsa dimicatione factum. paucis data venia, qui inermes in deditionem venerunt.

Livy, 2.30 (with omissions)

[1]*contemptim*	contemptuously, scornfully
[2]*coorior, cooriri, coortus sum*	I rise up
[3]*stupeo, stupere, stupui*	I am stupefied, struck numb
[4]*impressio, -onis* f.	attack, charge
[5]*mico, micare, micui*	I flash, gleam
[6]*secus*	otherwise, differently
[7]*vigeo, vigere, vigui*	I am vigorous, strong
[8]*exuo, exuere, exui, exutus*	I deprive
[9]*Velitrae, -arum* f. pl.	Velitrae (a Volscian town)
[10]*promiscuus, -a, -um*	indiscriminate

The Celtiberians

The Roman praetor, Appius Claudius, defeats the Celtiberians of Spain.

In Spain the Celtiberians, who had surrendered to Tiberius Gracchus after being defeated in war, had remained at peace as long as Marcus Titinius held the province as praetor.

Celtiberi[1] rebellaverunt sub adventum Ap. Claudii orsi[2]que bellum sunt ab repentina oppugnatione castrorum Romanorum. prima lux fere erat, cum vigiles in vallo quique in portarum stationibus erant, cum vidissent procul venientem hostem, ad arma conclamaverunt. Ap. Claudius, signo proposito pugnae ac paucis verbis adhortatus milites tribus simul portis eduxit. obsistentibus[3] ad exitum Celtiberis[1] primo par utrimque proelium fuit, quia propter angustias[4] non omnes in faucibus[5] pugnare poterant Romani; urguentes[6] deinde alii alios secuti ubi evaserunt extra vallum, ut pandere[7] aciem et exaequari[8] cornibus hostium quibus circumibantur possent, ita repente inruperunt ut sustinere impetum eorum Celtiberi[1] non possent. ante horam secundam pulsi sunt; ad quindecim milia caesa aut capta, signa adempta duo et triginta. castra etiam eo die expugnata debellatumque est;[9] nam qui superfuerunt proelio, in oppida sua dilapsi sunt. quieti deinde paruerunt imperio.

Livy, 41.26

[1]*Celtiberi, -orum* m. pl.	the Celtiberians
[2]*ordior, ordiri, orsus sum*	I begin
[3]*obsisto, obsistere, obstiti, obstitus*	I oppose
[4]*angustiae, -arum* f. pl.	narrowness, lack of space
[5]*fauces, -ium* f. pl.	entrance, gateway
[6]*urgueo, urguere, ursi*	I push, press forward
[7]*pando, pandere, pandi, pansus*	I open up, spread out
[8]*exaequo, exaequare, exaequavi, exaequatus*	I make equal (in extent)
[9]*debello, debellare, debellavi, debellatus*	I finish a war

Flaccus

*Quintus Fulvius Flaccus, the Censor, removes the marble roof tiles from
the ancient temple of Juno Lacinia in Bruttium, in order to adorn
a new temple he is building in Rome. His actions, however,
are universally condemned.*

Quintus Flavius Flaccus as censor was constructing a temple to Fortuna
Equestris, which he had vowed to do the previous year. He was determined that
no temple in Rome should be more magnificent. Thinking that marble tiles
would add greatly to the beauty of the temple, he went to Bruttium and removed
the tiles from the temple of Juno Lacinia.

naves paratae fuerunt quae tegulas[1] tollerent atque asportarent, auctoritate censoria[2] sociis deterritis id sacrilegium prohibere. postquam censor
rediit, tegulae[1] expositae de navibus ad templum portabantur. quamquam
unde essent silebatur, non tamen celari potuit. fremitus[3] igitur in curia
ortus est; ex omnibus partibus postulabatur ut consules eam rem ad
senatum referrent. ut vero arcessitus in curiam censor venit, multo infes-
tius singuli universique praesentem lacerare:[4] templum augustissimum
regionis eius violare parum habuisse,[5] nisi detexisset[6] ac prope diruisset;
eum templa deorum immortalium demolire et obstringere[7] religione[8]
populum Romanum, ruinis templorum templa aedificantem, tamquam
non iidem ubique di immortales sint, sed spoliis aliorum alii colendi
exornandique! cum, priusquam referretur, appareret quid sentirent patres,
relatione[9] facta in unam omnes sententiam ierunt ut eae tegulae[1] reportan-
dae in templum locarentur. sed redemptores[10] nuntiaverunt tegulas[1]
relictas in area templi, quia nemo artifex[11] eas reponere potuerit.

Livy, 42.3

[1]*tegula, -ae* f.	tile
[2]*censorius, -a, -um*	of a censor (a senior magistrate)
[3]*fremitus, -us* m.	uproar, outcry
[4]*lacero, lacerare, laceravi, laceratus*	I rebuke, verbally attack
[5]*parum habeo, habere, habui, habitus*	I am not satisfied
[6]*detego, detegere, detexi, detectus*	I remove the roof
[7]*obstringo, obstringere, obstrinxi, obstrictus*	I make guilty
[8]*religio, -onis* f.	(here) sacrilege
[9]*relatio, -onis* f.	motion (for debate)
[10]*redemptor, -oris* m.	contractor
[11]*artifex, -ificis* m.	workman

C. Livy

Eumenes

*Eumenes, king of Pergamum in Asia Minor, is ambushed on
a visit to Delphi in Greece by agents of
king Perseus of Macedon.*

When Perseus learnt that the Romans were favouring Eumenes, he was eager for war, beginning with an attempt on Eumenes' life. He ordered four Macedonians to murder the king during his visit to Delphi. The assassins picked a place where visitors to the shrine had to walk in single file, concealing themselves behind a wall.

ubi ad eum locum ventum est qua singulis eundum erat, primus semitam[1] ingressus Pantaleon,[2] Aetoliae[3] princeps, cum quo institutus regi sermo erat. tum insidiatores exorti saxa duo ingentia devolvunt, quorum altero caput ictum est regi, altero umerus; sopitus[4]que ex semita[1] procidit in declive.[5] et ceteri quidem, etiam amicorum et satellitum[6] turba, postquam cadentem viderunt, diffugiunt; Pantaleon[2] contra impavidus mansit ad protegendum regem.

latrones velut perfecta re in iugum Parnasi[7] refugerunt eo cursu ut, cum unus non facile sequendo per invia atque ardua moraretur fugam eorum, occiderint comitem. ad corpus regis primo amici, deinde satellites[6] ac servi concurrerunt; tollentes sopitum[4] vulnere ac nihil sentientem, vivere tamen ex calore et spiritu remanente in praecordiis[8] senserunt: victurum prope nulla spes erat. sed compotem[9] iam sui regem amici postero die deferunt ad navem; inde Aeginam[10] traiciunt. ibi secreta eius curatio fuit.

Livy, 42.15

[1]*semita, -ae* f.	path
[2]*Pantaleon, -onis* m.	Pantaleon
[3]*Aetolia, -ae* f.	Aetolia (a district of Greece)
[4]*sopio, sopire, sopivi, sopitus*	I stun, make unconscious
[5]*declive, -is* n.	slope
[6]*satelles, -itis* m.	attendant, courtier
[7]*Parnasus, -i* m.	Parnassus (a mountain above Delphi)
[8]*praecordia, -orum* n. pl.	chest
[9]*compos, -otis* + gen.	in possession of
[10]*Aegina, -ae* f.	Aegina (a Greek island)

Numidian cavalry

*Numidian cavalry save the Roman army from defeat
by means of a trick.*

When the Roman army was being led through a narrow pass, the Ligurians blocked both ends of the pass. The consul feared his forces would be annihilated.

consul Numidas[1] octingentos fere equites inter auxilia habebat. eorum praefectus consuli pollicetur se cum suis erupturum, si diceret utra pars frequentior vicis[2] esset; in eos se impetum facturum et flammam tectis iniecturum, ut is pavor cogeret Ligures[3] excedere saltu[4] quem obsiderent et discurrere ad opem ferendam suis. collaudatum eum consul spe praemiorum onerat. Numidae[1] equos conscendunt et obequitare[5] stationibus hostium, neminem lacessentes,[6] coeperunt. nihil primo adspectu fuit contemptius: equi hominesque paululi,[7] equi sine frenis.[8] itaque qui primo intenti paratique si lacesserentur[6] in stationibus fuerant, iam inermes sedentesque pars maxima spectabant. Numidae[1] adequitare, dein refugere, sed propius saltum[4] paulatim evehi. postremo per medias stationes hostium eruperunt, et omnia propinqua viae tecta incendunt; proximo deinde vico[2] inferunt ignem. fumus primo conspectus deinde clamor trepidantium in vicis[2] auditus, postremo seniores puerique refugientes tumultum in castris fecerunt. itaque pro se quisque currere ad sua tutanda; et obsidione liberatus consul quo intenderat pervenit.

Livy, 35.11

[1]*Numidae, -arum* m. pl.   Numidians
[2]*vicus, -i* m.   village
[3]*Ligures, -um* m. pl.   the Ligurians
[4]*saltus, -us* m.   (mountain) pass
[5]*obequito, obequitare, obequitavi* + dat.   I ride up to
[6]*lacesso, lacessere, lacessivi, lacessitus*   I challenge, provoke
[7]*paululus, -a, -um*   puny, very small
[8]*freni, -orum* m. pl.   bridles

C. Livy

Hannibal

Antiochus, king of Syria, has become unfriendly towards Hannibal.
During a council meeting, Hannibal seeks to persuade
Antiochus to accept him as a friend and ally.

Hannibal had not been invited to this council, being under suspicion because of
a conversation he had with a Roman ambassador.

Hannibal primo eam contumeliam[1] tacitus tulit; deinde melius esse ratus
percunctari[2] causam repentinae alienationis, tempore apto quaesita
iracundiae causa auditaque, 'pater Hamilcar[3],' inquit, 'Antioche, parvum
admodum[4] me, cum sacrificaret, altaribus admotum sacramento[5] adegit[6]
numquam amicum fore populi Romani. sub hoc sacramento[5] sex et
triginta annos militavi; hoc me in pace patria mea expulit; hoc patria
extorrem[7] in tuam regiam adduxit; hoc duce, si tu spem meam destitueris,[8]
ubicumque[9] arma esse sciam, inveniam, toto orbe terrarum quaerens,
aliquos Romanis hostes. odi odioque sum Romanis. id me verum dicere
pater Hamilcar[3] et dii testes sunt. proinde[10] cum de bello Romano cogi-
tabis, inter primos amicos Hannibalem habeto;[11] si qua res te ad pacem
compellet, in id consilium alium, cum quo deliberes, quaerito.'[11] non
movit modo talis oratio regem, sed etiam reconciliavit Hannibali. ex
consilio ita discessum est ut bellum gereretur.

Livy, 35.19

[1]*contumelia, -ae* f.	insult, humiliation
[2]*percunctor, -cunctari, -cunctatus sum*	I inquire about
[3]*Hamilcar, -aris* m.	Hamilcar (Hannibal's father)
[4]*admodum*	still
[5]*sacramentum, -i* n.	oath
[6]*adigo, adigere, adegi, adactus*	I bind (by oath)
[7]*extorris, -is, -e*	exiled
[8]*destituo, destituere, destitui, destitutus*	I disappoint, betray
[9]*ubicumque*	wherever
[10]*proinde*	therefore
[11]*habeto, quaerito*	(imperatives)

74

The home of Rumour

Rumour lives in a house full of
openings and noise.

There is a place in the middle of the world, between land, sea and sky, at the meeting point of a threefold world. From here, whatever is seen or heard comes to these gaping ears.

> Fama[1] tenet summaque domum sibi legit[2] in arce,
> innumerosque aditus ac mille foramina[3] tectis
> addidit et nullis inclusit limina portis;
> nocte dieque patet; tota est ex aere[4] sonanti,
> tota fremit vocesque refert iterat[5]que quod audit;
> nulla quies intus nullaque silentia parte,
> nec tamen est clamor, sed parvae murmura vocis;
> atria turba tenet: veniunt, leve vulgus, euntque
> mixtaque cum veris passim commenta[6] vagantur
> milia rumorum confusaque verba volutant;[7]
> e quibus hi vacuas implent sermonibus aures,
> hi narrata ferunt alio,[8] mensura[9]que ficti
> crescit, et auditis aliquid novus adicit auctor.
> ipsa, quid in caelo rerum pelagoque geratur
> et tellure, videt totumque inquirit in orbem.
>
> Ovid, *Metamorphoses* 12.41-63 (with omissions)

[1]*Fama, -ae* f.	Rumour
[2]*lego, legere, legi, lectus*	(here) I choose
[3]*foramen, -inis* n.	aperture, opening
[4]*aes, aeris* n.	bronze
[5]*itero, iterare, iteravi, iteratus*	I repeat
[6]*commentum, -i* n.	falsehood
[7]*voluto, volutare, volutavi, volutatus*	I roll around
[8]*alio*	to another place
[9]*mensura, -ae* f.	size, extent

Caeneus

The centaur Monychus leads an attack on Caeneus, burying him under rocks and trees.

Monychus exclaimed: 'Let us heap mountains and forests upon him. Let his throat be smothered under a mass of earth, and the weight will be as good as a wound.'

dixit et insanis deiectam viribus Austri[1]
forte trabem[2] nactus validum coniecit in hostem
exemplumque fuit, parvoque in tempore nudus
arboris Othrys[3] erat, nec habebat Pelion[4] umbras.
obrutus[5] immani cumulo sub pondere Caeneus
aestuat[6] arboreo, congestaque robora[7] duris
fert umeris, sed enim postquam super ora caputque
crevit onus neque habet, quas ducat,[8] spiritus auras,
deficit[9] interdum, modo se super aera frustra
tollere conatur iactasque evolvere silvas
interdumque movet, veluti, quam cernimus, ecce,
ardua si terrae quatiatur motibus Ide.[10]
exitus in dubio est: alii sub inania corpus
Tartara[11] detrusum[12] silvarum mole[13] ferebant.[14]

Ovid, *Metamorphoses* 12.510-523

[1]*Auster, -ri* m.	the south wind
[2]*trabs, -is* f.	tree-trunk
[3]*Othrys, -yos* m.	Mount Othrys
[4]*Pelion, -ii* n.	Mount Pelion
[5]*obruo, obruere, obrui, obrutus*	I bury
[6]*aestuo, aestuare, aestuavi, aestuatus*	I heave, struggle
[7]*robur, -oris* n.	oak-wood
[8]*duco, ducere, duxi, ductus*	(here) I take in, breathe in
[9]*deficio, deficere, defeci, defectus*	I gasp for breath
[10]*Ide, -es* f.	Mount Ida
[11]*Tartara, -orum* n. pl.	Tartarus, Hell
[12]*detrudo, detrudere, detrusi, detrusus*	I thrust down
[13]*moles, -is* f.	weight
[14]*fero, ferre, tuli, latus*	(here) I relate (a story)

Hecabe

Hecabe, the widow of king Priam of Troy, while lamenting the death of her daughter, finds the body of her son, Polydorus, washed up on the beach after being killed by the Thracians.

'Why,' Hecabe said, 'do I not wash my daughter's cruel wounds and her blood-stained face with water?'

> dixit et ad litus passu processit anili,[1]
> albentes lacerata comas. 'date, Troades,[2] urnam!'
> dixerat infelix, liquidas hauriret ut undas:
> adspicit eiectum Polydori in litore corpus
> factaque Threiciis[3] ingentia vulnera telis;
> Troades[2] exclamant, obmutuit illa dolore,
> et pariter vocem lacrimasque introrsus[4] obortas
> devorat ipse dolor, duroque simillima saxo
> torpet[5] et adversa figit modo lumina terra,
> interdum torvos[6] sustollit ad aethera vultus,
> nunc positi spectat vultum, nunc vulnera nati,
> vulnera praecipue, seque armat et instruit ira.
> qua simul exarsit,[7] tamquam regina maneret,
> ulcisci statuit poenaeque in imagine tota[8] est.
>
> Ovid, *Metamorphoses* 13.533-546

[1]*anilis, -is, -e*	of an old woman
[2]*Troades, -um* f. pl.	women of Troy
[3]*Threicius, -a, -um*	Thracian
[4]*introrsus*	inside (her)
[5]*torpeo, torpere*	I stand still
[6]*torvus, -a, -um*	grim
[7]*exardesco, exardescere, exarsi*	I blaze with anger
[8]*totus, -a, -um*	(here) absorbed

Polyphemus

The Cyclops, Polyphemus, is smitten with love for Galatea. In the hope of pleasing her, he describes his large flock of sheep and goats, and a pair of bear cubs that he has found.

'There will also be no lack of chestnuts or fruits for you, if I become your husband: every tree will serve you.'

'hoc pecus[1] omne meum est, multae quoque vallibus errant,
multas silva tegit, multae stabulantur[2] in antris,
nec, si forte roges, possim tibi dicere, quot sint:
pauperis est numerare pecus;[1] de laudibus harum
nil mihi credideris, praesens potes ipsa videre,
ut vix circumeant distentum[3] cruribus[4] uber.[5]
sunt, fetura[6] minor, tepidis in ovilibus[7] agni.
sunt quoque, par aetas, aliis in ovilibus[7] haedi.[8]
lac mihi semper adest niveum: pars inde bibenda
servatur, partem liquefacta coagula[9] durant.
inveni geminos, qui tecum ludere possint,
inter se similes, vix ut dignoscere possis,
villosae[10] catulos[11] in summis montibus ursae:
inveni et dixi "dominae servabimus istos".'

Ovid, *Metamorphoses* 13.821-830, 834-837

[1]*pecus, -oris* n.	flock
[2]*stabulor, stabulari, stabulatus sum*	I am stabled
[3]*distentus, -a, -um*	swollen, full
[4]*crus, cruris* n.	leg
[5]*uber, -eris* n.	udder
[6]*fetura, -ae* f.	brood, young
[7]*ovile, -is* n.	sheepfold
[8]*haedus, -i* m.	kid
[9]*coagula, -orum* n. pl.	curds (the cheese part of milk)
[10]*villosus, -a, -um*	shaggy, hairy
[11]*catulus, -i* m.	cub

Achelous

*The river-god, Achelous, relates how he was once
overpowered by Hercules.*

He tried to grab hold of my neck, my legs, my hips, and attacked every part of
my body.

> me mea defendit gravitas frustraque petebar;
> digredimur paulum, rursusque ad bella coimus,
> inque gradu[1] stetimus, certi non cedere, eratque
> cum pede pes iunctus, totoque ego pectore pronus[2]
> et digitos digitis et frontem fronte premebam.
> non aliter vidi fortes concurrere tauros,
> cum, pretium pugnae, toto nitidissima[3] saltu[4]
> expetitur coniunx: spectant armenta paventque
> nescia, quem maneat tanti victoria regni.
> ter sine profectu[5] voluit nitentia[6] contra
> reicere Alcides[7] a se mea pectora; quarto
> excutit amplexus, adducta[8]que bracchia solvit,
> impulsumque manu – certum est mihi vera fateri –
> protinus[9] avertit, tergoque onerosus inhaesit.
>
> Ovid, *Metamorphoses* 9.39, 42-54

[1]*gradus, -us* m.	position, ground
[2]*pronus, -a, -um*	leaning forward
[3]*nitidus, -a, -um*	sleek
[4]*saltus, -us* m.	pasture
[5]*profectus, -us* m.	success
[6]*nitor, niti, nixus sum*	I struggle, push forward
[7]*Alcides, -ae* m.	Hercules
[8]*adduco, adducere, adduxi, adductus*	I wrap round
[9]*protinus*	immediately

Byblis

Byblis has formed an incestuous love for her own brother, Caunus, and writes a letter to him, confessing her love.

When the tablet was full, she stamped the letter with her seal, moistening it with her tears, for moisture failed her tongue.

> deque suis unum famulis[1] pudibunda[2] vocavit,
> et pavidum blandita,[3] 'fer has, fidissime, nostro'
> dixit, et adiecit longo post tempore 'fratri.'
> cum daret, elapsae manibus cecidere tabellae.
> omine turbata est, misit tamen. apta minister[4]
> tempora nactus adit traditque latentia verba.
> attonitus subita iuvenis Maeandrius[5] ira
> proicit acceptas lecta sibi parte tabellas,
> vixque manus retinens trepidantis ab ore ministri,[4]
> 'dum licet, o vetitae scelerate libidinis auctor,
> effuge!' ait, 'qui, si nostrum tua fata pudorem[6]
> non traherent secum, poenas mihi morte dedisses.'
> ille fugit pavidus, dominaeque ferocia Cauni
> dicta refert.

> Ovid, *Metamorphoses* 9.568-581

[1]*famulus, -i* m.   attendant
[2]*pudibundus, -a, -um*   ashamed
[3]*blandior, blandiri, blanditus sum*   I coax
[4]*minister, -tri* m.   attendant, servant
[5]*Maeandrius, -i* m.   grandson of Maeander, i.e. Caunus

[6]*pudor, -oris* m.   disgrace

Actaeon (1)

During a hunting trip, Actaeon chances upon the goddess Diana
as she bathes.

Diana came to her grotto and handed her clothes and hunting weapons to her
attendant nymphs; other nymphs poured water over her from their pitchers.

> ecce nepos Cadmi[1] dilata[2] parte laborum
> per nemus ignotum non certis passibus errans
> pervenit in lucum: sic illum fata ferebant.
> qui simul intravit rorantia[3] fontibus antra,
> sicut erant, nudae viso sua pectora nymphae
> percussere viro subitisque ululatibus omne
> implevere nemus circumfusaeque Dianam
> corporibus texere suis; tamen altior illis
> ipsa dea est colloque tenus[4] supereminet[5] omnes.
> quae, quamquam comitum turba est stipata[6] suarum,
> in latus obliquum[7] tamen adstitit oraque retro
> flexit et, ut vellet promptas[8] habuisse sagittas,
> quas habuit sic hausit aquas vultumque virilem
> perfudit.
>
> Ovid, *Metamorphoses* 3.174-182, 186-190

[1]*Cadmus, -i* m.	Cadmus (grandfather of Actaeon)
[2]*differo, differre, distuli, dilatus*	I postpone, put off
[3]*roro, rorare, roravi, roratus*	I am wet, drip
[4]*tenus* + abl.	as far as, up to
[5]*superemineo, supereminere*	I tower over
[6]*stipo, stipare, stipavi, stipatus*	I surround
[7]*in latus obliquum*	sideways on
[8]*promptus, -a, -um*	ready to hand

Actaeon (2)

Diana punishes Actaeon for his intrusion.

As she poured the avenging water over his hair, she added these words that foretold his imminent doom.

> 'nunc tibi me posito visam velamine[1] narres,
> si poteris narrare, licet!' nec plura minata
> dat sparso[2] capiti vivacis cornua cervi,[3]
> dat spatium collo summasque cacuminat[4] aures
> cum pedibusque manus, cum longis bracchia mutat
> cruribus[5] et velat maculoso[6] vellere[7] corpus;
> additus et pavor est: fugit Autonoeius heros[8]
> et se tam celerem cursu miratur in ipso.
> ut vero vultus et cornua vidit in unda,
> 'me miserum!' dicturus erat: vox nulla secuta est.
> ingemuit: vox illa fuit, lacrimaeque per ora
> non sua fluxerunt; mens tantum pristina[9] mansit.
> quid faciat? repetatne domum et regalia[10] tecta
> an lateat silvis? pudor hoc, timor impedit illud.
>
> Ovid, *Metamorphoses* 3.192-205

[1]*velamen, -inis* n.	robe
[2]*spargo, spargere, sparsi, sparsus*	I wet, saturate
[3]*cervus, -i* m.	stag
[4]*cacumino, cacuminare*	I make pointed
[5]*crus, cruris* n.	leg
[6]*maculosus, -a, -um*	spotted, dappled
[7]*vellus, -eris* n.	hide
[8]*Autonoeius heros* m.	Actaeon
[9]*pristinus, -a, -um*	as it was before
[10]*regalis, -is, -e*	royal

Actaeon (3)

Actaeon is attacked by his own hunting dogs.

The whole pack of dogs, lusting after their prey, pursue him over the rocky ground.

ille fugit per quae fuerat loca saepe secutus,
heu! famulos[1] fugit ipse suos. clamare libebat:[2]
'Actaeon ego sum: dominum cognoscite vestrum!'
verba animo desunt; resonat latratibus aether.
prima Melanchaetes[3] in tergo vulnera fecit,
proxima Theridamas,[3] Oresitrophos[3] haesit in armo:[4]
tardius exierant, sed per compendia[5] montis
anticipata via est; dominum retinentibus illis,
cetera turba coit confertque in corpore dentes.
iam loca vulneribus desunt; gemit ille sonumque,
etsi non hominis, quem non tamen edere possit
cervus, habet maestisque replet iuga nota querellis
et genibus pronis supplex[6] similisque roganti
circumfert[7] tacitos tamquam sua bracchia[8] vultus.
                                   Ovid, *Metamorphoses* 3.228-241

[1]*famulus, -i* m.	attendant (i.e. his dogs)
[2]*libet, libere, libuit*	it pleases
[3]*Melanchaetes, Theridamas, Oresitrophos*	the names of three of the dogs
[4]*armus, -i* m.	shoulder
[5]*compendium, -i* n.	short cut
[6]*supplex, -icis* m.	suppliant (i.e. one who begs for help)
[7]*circumfero, -ferre, -tuli, -latus*	I turn back and forth
[8]*bracchium, -i* n.	arm

D. Ovid, Hexameters

Pomona

The wood-nymph Pomona is courted by Vertumnus.

Pomona flourished in the reign of Proca; no other Latin wood-nymph tended gardens more skilfully.

nec fuit arborei[1] studiosior altera fetus;[2]
unde tenet nomen: non silvas illa nec amnes,
rus amat et ramos felicia poma[3] ferentes.
hic amor, hoc studium, Veneris[4] quoque nulla cupido est;
vim tamen agrestum[5] metuens pomaria[6] claudit
intus et accessus prohibet refugitque viriles.
quid non et Satyri,[7] saltatibus[8] apta iuventus,
fecere et pinu[9] praecincti[10] cornua Panes[11]
ut poterentur ea? sed enim superabat amando
hos quoque Vertumnus neque erat felicior illis.
o quotiens habitu duri messoris[12] aristas[13]
corbe[14] tulit verique fuit messoris[12] imago!
induerat scalas:[15] lecturum[16] poma[3] putares;
denique per multas aditum sibi saepe figuras
repperit, ut caperet spectatae gaudia formae.
Ovid, *Metamorphoses* 14.625-653 (with omissions)

[1]*arboreus, -a, -um*	of trees
[2]*fetus, -us* m.	fruit
[3]*pomum, -i* n.	fruit
[4]*Venus, -eris* f.	love
[5]*agrestis, -is* m.	uncivilised man
[6]*pomarium, -i* n.	orchard
[7]*Satyri, -orum* m. pl.	Satyrs (woodland gods)
[8]*saltatus, -us* m.	dance
[9]*pinus, -us* f.	pine wood
[10]*praecinctus, -a, -um*	encircled
[11]*Panes, -um* m. pl.	Pans (horned woodland gods)
[12]*messor, -oris* m.	reaper
[13]*arista, -ae* f.	ear of corn
[14]*corbis, -is* m.	basket
[15]*scalae, -arum* f. pl.	ladder
[16]*lego, legere, legi, lectus*	(here) I pick, gather

Rome is full of girls

*There are plenty of girls in Rome; all you have to do
is look for one.*

If you are new to the contest, first strive to find an object for your love; then you
must win over the girl you have chosen; thirdly, see to it that your love endures.

dum licet, et loris[1] passim potes ire solutis,
    elige cui dicas, 'tu mihi sola places.'
haec tibi non tenues veniet delapsa per auras:
    quaerenda est oculis apta puella tuis.
scit bene venator,[2] cervis ubi retia[3] tendat,
    scit bene, qua frendens[4] valle moretur aper;[5]
tu quoque, materiam[6] longo qui quaeris amori,
    ante frequens quo sit disce puella loco.
non ego quaerentem vento dare vela[7] iubebo,
    nec tibi, ut invenias, longa terenda[8] via est.
tot tibi tamque dabit formosas Roma puellas,
    'haec habet,' ut dicas, 'quicquid in orbe fuit.'
quot caelum stellas, tot habet tua Roma puellas:
    mater in Aeneae[9] constitit urbe sui.
        Ovid, *Ars Amatoria* 1.41-60 (with omissions)

[1]*lora, -orum* n. pl.	reins
[2]*venator, -oris* m.	hunter
[3]*rete, -is* n.	net
[4]*frendens, -entis*	gnashing the teeth
[5]*aper, -ri* m.	boar
[6]*materia, -ae* f.	object, target
[7]*vela dare*	to set sail
[8]*tero, terere, trivi, tritus*	I tread
[9]*Aeneas, -ae* m.	Aeneas, whose mother, Venus, was the goddess of love

Make love while you can

Ovid advises women to admit love into their lives before they grow too old; growing old is a one-way journey.

While the goddess inspires me, seek instruction from me, girls: your good natures, the laws and your own rights permit this.

> venturae memores iam nunc estote[1] senectae:
> sic nullum vobis tempus abibit iners.[2]
> dum licet, et vernos[3] etiamnum[4] educitis annos,
> ludite: eunt anni more fluentis aquae;
> nec quae praeteriit, iterum revocabitur unda,
> nec quae praeteriit, hora redire potest.
> utendum est aetate: cito[5] pede labitur aetas,
> nec bona tam sequitur, quam bona prima fuit.
> tempus erit, quo tu, quae nunc excludis amantes,
> frigida deserta nocte iacebis anus,
> nec tua frangetur nocturna ianua rixa,[6]
> sparsa nec invenies limina mane rosa.
> quam cito[5] (me miserum!) laxantur corpora rugis,[7]
> et perit in nitido[8] qui fuit ore color.
> Ovid, *Ars Amatoria* 3.59-74 (with omissions)

[1]*estote*	imperative of *esse*
[2]*iners, inertis*	wasted
[3]*vernus, -a, -um*	of, in spring
[4]*etiamnum*	still
[5]*citus, -a, -um*	swift (adverb *cito*)
[6]*rixa, -ae* f.	quarrel
[7]*ruga, -ae* f.	wrinkle
[8]*nitidus, -a, -um*	lovely

Be seen in public

*Ovid advises women to visit public places: amongst all
the men she sees there will be one that pleases.*

Who would have heard of Danaë, if she had always remained a prisoner and
grown old within her tower?

utilis est vobis, formosae, turba, puellae.
    saepe vagos[1] ultra limina ferte pedes.
ad multas lupa tendit oves, praedetur[2] ut unam,
    et Iovis[3] in multas devolat ales[4] aves.
se quoque det populo mulier speciosa[5] videndam:
    quem trahat, e multis forsitan unus erit.
omnibus illa locis maneat studiosa placendi,
    et curam tota mente decoris agat.
casus[6] ubique valet; semper tibi pendeat hamus:[7]
    quo minime credas gurgite,[8] piscis erit.
saepe canes frustra nemorosis[9] montibus errant,
    inque plagam[10] nullo cervus agente venit.
funere saepe viri vir quaeritur; ire solutis
    crinibus et fletus[11] non tenuisse decet.
        Ovid, *Ars Amatoria* 3.417-432 (with omissions)

[1]*vagus, -a, -um*	wandering
[2]*praedor, praedari, praedatus sum*	I pounce upon, catch
[3]*Iuppiter, Iovis* m.	Jupiter
[4]*ales, -itis* m.	bird (here an eagle)
[5]*speciosus, -a, -um*	beautiful
[6]*casus, -us* m.	chance
[7]*hamus, -i* m.	hook (for fishing)
[8]*gurges, -itis* m.	stream
[9]*nemorosus, -a, -um*	wooded
[10]*plaga, -ae* f.	net (for hunting)
[11]*fletus, -us* m.	weeping, lamentation

Ariadne and Bacchus (1)

*Ariadne, daughter of king Minos of Knossos, wakes on the island of
Dia to find her lover, Theseus, has abandoned her.
Then strange things happen.*

Bacchus called for his bard, who also helps lovers, and who encourages the
flame of passion, with which he himself burns.

> Cnosis[1] in ignotis amens errabat harenis,
>   qua brevis aequoreis Dia feritur aquis.
> utque erat e somno tunica velata recincta,[2]
>   nuda pedem, croceas inreligata[3] comas,
> Thesea[4] crudelem surdas[5] clamabat ad undas,
>   indigno teneras imbre[6] rigante genas.
> clamabat, flebatque simul, sed utrumque decebat;
>   non facta est lacrimis turpior illa suis.
> iamque iterum tundens[7] mollissima pectora palmis
>   'perfidus ille abiit; quid mihi fiet?' ait.
> 'quid mihi fiet?' ait: sonuerunt cymbala[8] toto
>   litore, et attonita tympana[9] pulsa manu.
> excidit illa metu, rupitque novissima verba;
>   nullus in exanimi corpore sanguis erat.

Ovid, *Ars Amatoria* 1.527-540

[1]*Cnosis, -is* f.	the woman from Knossos, i.e. Ariadne
[2]*recinctus, -a, -um*	unfastened
[3]*inreligatus, -a, -um*	unbound
[4]*Theseus, -i* m. (acc. *Thesea*)	Theseus
[5]*surdus, -a, -um*	deaf
[6]*imber, -bris* m.	rain
[7]*tundo, tundere, tutudi, tusus*	I beat
[8]*cymbalum, -i* n.	cymbal
[9]*tympanum, -i* n.	drum

Ariadne and Bacchus (2)

The god Bacchus proposes to Ariadne.

See! Bacchanals with their hair streaming behind them. See! The quick-footed Satyrs, who announce the god's approach.

> iam deus in curru, quem summum texerat uvis,[1]
> tigribus adiunctis aurea lora[2] dabat:
> et color et Theseus[3] et vox abiere puellae:
> terque fugam petiit, terque retenta metu est.
> horruit, ut graciles, agitat quas ventus, aristae,[4]
> ut levis in madida[5] canna[6] palude tremit.
> cui deus, 'en, adsum tibi cura fidelior,' inquit:
> 'pone metum: Bacchi, Cnosias,[7] uxor eris.
> munus habe caelum; caelo spectabere sidus;
> saepe reges dubiam Cressa Corona[8] ratem.'[9]
> dixit, et e curru, ne tigres illa timeret,
> desilit; imposito cessit harena pede:
> implicitamque sinu (neque enim pugnare valebat)
> abstulit; in facili est[10] omnia posse deo.

Ovid, *Ars Amatoria* 1.549-562

[1] *uva, -ae* f.	grape
[2] *lora, -orum* n. pl.	reins
[3] *Theseus, -i* m. (acc. *Thesea*)	Theseus (her previous lover)
[4] *arista, -ae* f.	ear of corn
[5] *madidus, -a, -um*	watery, sodden
[6] *canna, -ae* f.	reed
[7] *Cnosias, -adis* f.	the woman from Knossos, i.e. Ariadne
[8] *Cressa Corona* f.	the Cretan Crown (a constellation)
[9] *ratis, -is* f.	boat, ship
[10] *in facili est*	it is easy

Young and older lovers

Passion is kindled more slowly but more surely
in old 'soldiers'.

Do not try to catch inexperienced youths and older men in the same way. This young recruit, now experiencing for the first time Love's campaigning, who has come to your bedchamber: let him know only you.

> effuge rivalem: vinces, dum sola tenebis;
>> non bene cum sociis regna Venus[1]que manent.
> ille vetus miles sensim[2] et sapienter amabit,
>> multaque tironi[3] non patienda feret:
> nec franget postes,[4] nec saevis ignibus uret,
>> nec dominae teneras adpetet ungue[5] genas[6],
> nec scindet tunicasve suas tunicasve puellae,
>> nec raptus[7] flendi causa capillus erit.
> ista decent pueros aetate et amore calentes[8];
>> hic fera[9] composita vulnera mente feret.
> ignibus heu lentis uretur, ut umida faena,[10]
>> ut modo montanis silva recisa[11] iugis.
> certior hic amor est: brevis et fecundior ille;
>> quae fugiunt, celeri carpite poma[12] manu.

Ovid, *Ars Amatoria* 3.563-576

[1]*Venus, -eris* f.	(here) love
[2]*sensim*	gradually
[3]*tiro, -onis* m.	young recruit, beginner
[4]*postes, -ium* m. pl.	door
[5]*unguis, -is* m.	fingernail
[6]*gena, -ae* f.	cheek
[7]*raptus, -a, -um*	(here) torn
[8]*calens, -entis*	inflamed
[9]*ferus, -a, -um*	cruel
[10]*faena, -ae* f.	hay
[11]*recido, recidere, recidi, recisus*	I cut down
[12]*pomum, -i* n.	fruit

The power of song

All song is powerful, but my skill lies not in the epic description of the heroes of the Trojan War, but in love poetry.

I have once again taken up my arms – the flattery of light elegy; its gentle words have melted tough doors.

> carmina sanguineae deducunt cornua[1] lunae,
>> et revocant niveos solis euntis equos;
> carmine dissiliunt[2] abruptis[3] faucibus[4] angues,[5]
>> inque suos fontes versa recurrit aqua.
> quid mihi profuerit[6] velox cantatus Achilles?[7]
>> quid pro me Atrides[8] alter et alter agent,
> qui[9]que tot errando, quot bello, perdidit annos,
>> raptus et Haemoniis[10] flebilis Hector[11] equis?
> at facie tenerae laudata saepe puellae,
>> ad vatem,[12] pretium[13] carminis, ipsa venit.
> magna datur merces![14] heroum clara valete
>> nomina; non apta est gratia vestra mihi!
> ad mea formosos vultus adhibete, puellae,
>> carmina, purpureus[15] quae mihi dictat amor!

Ovid, *Amores* 2.1, 23-38 (with omissions)

[1]*cornu, -us* n.	horn (i.e. the tip of the crescent of the moon)
[2]*dissilio, dissilire, dissilui*	I split open
[3]*abrumpo, -rumpere, -rupi, -ruptus*	I burst open
[4]*fauces, -ium* f. pl.	jaws
[5]*anguis, -is* m.	snake
[6]*prosum, prodesse, profui* + dat.	I benefit
[7]*Achilles, -is* m.	Achilles (like the following, a hero of the Trojan War)
[8]*Atrides, -ae* m.	one of the sons of Atreus (i.e. Agamemnon and Menelaus)
[9]*qui*	the reference is to Odysseus, who fought at Troy for ten years and then spent ten years trying to get home
[10]*Haemonius, -a, -um*	Haemonian (i.e. from Thessaly in Greece)
[11]*Hector, -oris* m.	Hector (killed by Achilles, whose horses dragged his body back to the Greek camp)
[12]*vates, -is* m.	poet
[13]*pretium, -ii* n.	(here) reward
[14]*merces, -edis* f.	reward
[15]*purpureus, -a, -um*	rosy, beautiful

The dream

Ovid describes a dream in which he saw a cow and a bull.

It was night, and sleep was weighing down my weary eyes, when the following vision terrified my mind.

colle sub aprico[1] creberrimus ilice[2] lucus
    stabat, et in ramis[3] multa latebat avis.
ipse sub arboreis vitabam frondibus aestum[4] –
    fronde sub arborea sed tamen aestus[4] erat –
ecce! petens variis inmixtas floribus herbas
    constitit ante oculos candida vacca meos,
candidior nivibus, tunc cum cecidere recentes,
    in liquidas nondum quas mora vertit aquas.
taurus erat comes huic, feliciter ille maritus,
    cumque sua teneram coniuge pressit humum.
dum iacet et lente revocatas ruminat[5] herbas
    atque iterum pasto[6] pascitur[6] ante cibo,
visus erat, somno vires adimente ferendi,
    cornigerum[7] terra deposuisse caput.
                  Ovid, *Amores* 3.5, 3-20 (with omissions)

[1]*apricus, -a, -um*	sunny
[2]*ilex, ilicis* f.	oak tree
[3]*ramus, -i* m.	branch
[4]*aestus, -us* m.	heat
[5]*rumino, ruminare*	I chew over again
[6]*pasco, pascere, pavi, pastus*	I feed, feed upon
[7]*corniger, -era, -erum*	horned

No self-control (1)

I cannot help falling in love with all kinds of women.

I hate what I am but, although I long to be different, I cannot be other than what I hate; alas, how difficult it is to tolerate what you long to get rid of!

> nam desunt[1] vires ad me mihi iusque regendum;
> auferor ut rapida concita puppis[2] aqua.
> non est certa meos quae forma invitet amores:
> centum sunt causae, cur ego semper amem.
> sive aliqua est oculos in humum deiecta[3] modestos,
> uror, et insidiae sunt pudor ille meae;
> sive es docta, places raras dotata[4] per artes;
> sive rudis,[5] placita es simplicitate tua.
> haec quia dulce canit flectitque facillima vocem,
> oscula cantanti rapta dedisse velim;
> haec querulas habili[6] percurrit pollice[7] chordas:[8]
> tam doctas quis non possit amare manus?
> illa placet gestu numerosa[9]que bracchia[10] ducit
> et tenerum molli torquet ab arte latus.
>
> Ovid, *Amores* 2.4, 7-30 (with omissions)

[1]*desum, deesse, defui*	I am lacking, fail
[2]*puppis, -is* f.	ship
[3]*deiectus, -a, -um*	downcast
[4]*dotatus, -a, -um*	endowed, gifted
[5]*rudis, -is, -e*	crude, clumsy
[6]*habilis, -is, -e*	nimble
[7]*pollex, -icis* m.	thumb
[8]*chorda, -ae* f.	string (of a lyre)
[9]*numerosus, -a, -um*	rhythmical, in rhythm
[10]*bracchium, -i* n.	arm

No self-control (2)

I cannot help falling in love with all kinds of women.

That one, because she is so tall, matches the daughters of the heroes of old, and she can lie in full possession of the bed.

> haec habilis[1] brevitate sua est. corrumpor utraque;
>   conveniunt voto longa brevisque meo.
> 'non est culta?'[2] subit,[3] quid cultae[2] accedere[4] possit;
>   'ornata est?' dotes[5] exhibet ipsa suas.
> candida me capiet, capiet me flava[6] puella,
>   est etiam in fusco[7] grata colore Venus.[8]
> seu pendent nivea pulli[9] cervice capilli,
>   Leda[10] fuit nigra conspicienda coma;
> seu flavent, placuit croceis[11] Aurora[12] capillis.
>   omnibus historiis se meus aptat amor.
> me nova sollicitat, me tangit serior[13] aetas;
>   haec melior, specie[14] corporis illa placet.
> denique quas tota quisquam probet urbe puellas,
>   noster in has omnes ambitiosus[15] amor.

Ovid, *Amores* 2.4, 35-48

[1]*habilis, -is, -e*	suitable
[2]*cultus, -a, -um*	well-dressed
[3]*subit*	it occurs (to me), I wonder
[4]*accedo, accedere, accessi, accessus*	I am added
[5]*dos, dotis* f.	endowment, charm
[6]*flavus, -a, -um*	blonde, golden-hued
[7]*fuscus, -a, -um*	dark-skinned
[8]*Venus, -eris* f.	(here) love
[9]*pullus, -a, -um*	black
[10]*Leda, -ae* f.	Leda (a woman in Greek legend)
[11]*croceus, -a, -um*	golden
[12]*Aurora, -ae* f.	Aurora (goddess of dawn)
[13]*serus, -a, -um*	advanced, late
[14]*species, -ei* f.	appearance, beauty
[15]*ambitiosus, -a, -um*	ambitious, keen to win favour

Part 3. AEA Unseens

This section contains twelve passages, chosen for level of difficulty and subject matter to provide appropriate practice for those students preparing to take the Advanced Extension Award examination. They are arranged with an eye to their difficulty, so that what should be the easiest passages come first.

Students should remember that they are expected to translate into good English, as at AS and A2 levels. Up to four additional marks are awarded for this.

In the examination, the marking of AEA unseens is quite different from that of all other levels, being based on impression. Each clause or short sentence is marked out of five, the actual mark awarded reflecting the proportion of sense rendered accurately, as well as the seriousness of the errors made.

At the time of publication, the policy for glossing vocabulary for the AEA examination is to print almost every word that does not feature in the current AQA Defined Vocabulary List for A2 level. The exceptions are those, such as compound verbs, that, according to the AQA list, candidates should be able to work out for themselves. Following the demise of the AQA Latin Specification, the policy for glossing may perhaps be changed, to bring it more into line with current practice at A2 level. In this section, therefore, I have adopted the practice of glossing only those words which candidates would be unlikely to know or deduce, or which might impair their ability to make sense of the passage if they got them wrong.

Pompey

Pompey is the ideal general to lead the Roman army in the war against Mithridates.

utinam, Quirites,[1] virorum fortium atque innocentium copiam tantam haberetis, ut haec vobis deliberatio difficilis esset, quemnam potissimum tantis rebus ac tanto bello praeficiendum putaretis! nunc vero cum sit unus Cn. Pompeius, qui non modo eorum hominum, qui nunc sunt, gloriam, sed etiam antiquitatis memoriam virtute superaverit, quae res est, quae cuiusquam animum in hac causa dubium facere possit? ego enim sic existimo, in summo imperatore quattuor has res inesse oportere, scientiam rei militaris, virtutem, auctoritatem, felicitatem. quis igitur hoc homine scientior umquam aut fuit aut esse debuit? qui e ludo atque pueritiae disciplinis, bello maximo atque acerrimis hostibus, ad patris exercitum atque in militiae disciplinam profectus est; qui extrema pueritia miles in exercitu fuit summi imperatoris, ineunte adulescentia maximi ipse exercitus imperator; qui saepius cum hoste conflixit, quam quisquam cum inimico concertavit,[2] plura bella gessit quam ceteri legerunt, plures provincias confecit quam alii concupiverunt; cuius adulescentia ad scientiam rei militaris non alienis praeceptis, sed suis imperiis, non offensionibus[3] belli, sed victoriis, non stipendiis,[4] sed triumphis est erudita.[5]

Cicero, *De Lege Manilia* 27-28

[1]*Quirites, -ium* m. pl.	citizens of Rome
[2]*concerto, concertare, concertavi, concertatus*	I quarrel
[3]*offensio, -onis* f.	defeat
[4]*stipendium, -i* n.	campaign
[5]*erudio, erudire, erudivi, eruditus*	I train

A winter journey

We had to travel through frost, snow, hail, rain and fog.

pervenimus tandem et quidem incolumes, tametsi invitis (ut apparet) deis et superis et inferis. o durum iter! pugnabat Iuno[1] semper poeticis viris infesta; rursus Aeolum[2] sollicitaverat;[3] nec ventis modo in nos saeviebat, omnibus armis in nos dimicabat, frigore acerrimo, nive, grandine,[4] pluvia, imbre, nebulis,[5] omnibus denique iniuriis. hisque nunc singulis nunc universis nos oppugnabat. prima nocte post diutinam pluviam subitum atque acre obortum gelu[6] viam asperrimam effecerat; accessit nivis vis immodica; deinde grando,[4] tum et pluvia, quae simul atque terram arboremque contigit, protinus in glaciem[7] concreta est. vidisses passim terram glacie[7] incrustatam, neque id aequali superficie,[8] sed colliculis[9] acutissimis passim exstantibus. vidisses arbores glacie[7] vestitas adeoque pressas, ut aliae summo cacumine[10] imum solum contingerent, aliae ramis lacerae,[11] aliae medio trunco discissae starent, aliae funditus[12] evulsae iacerent. equis interim eundum erat nunc per profundos nivium cumulos, nunc per sentes[13] glacie[7] incrustatos, nunc per sulcos[14] bis asperos, quos primum gelu[6] duraverat, deinde et glacies[7] acuerat.[15]

Erasmus, *Epistulae* 82

[1]*Iuno, -onis* f.	Juno (goddess who hated the Trojans)
[2]*Aeolus, -i* m.	Aeolus (god of the winds)
[3]*sollicito, sollicitare, sollicitavi, sollicitatus*	I rouse
[4]*grando, -inis* f.	hail
[5]*nebula, -ae* f.	fog
[6]*gelu, -us* n.	frost
[7]*glacies, -ei* f.	ice
[8]*superficies, -ei* f.	surface
[9]*colliculus, -i* m.	little hill
[10]*cacumen, -inis* n.	tree top
[11]*lacer, -era, -erum*	mangled, torn
[12]*funditus*	by the roots
[13]*sentes, -ium* m. pl.	brambles
[14]*sulcus, i* m.	rut, ditch
[15]*acuo, acuere, acui, acutus*	I sharpen

Scipio

The life and death of Scipio Africanus.

quid non adeptus est, quod homini fas est optare? qui consulatum petivit numquam, factus consul est bis, primum ante tempus, iterum sibi suo tempore, rei publicae paene sero; qui duabus urbibus eversis, inimicissimis huic imperio, non modo praesentia verum etiam futura bella delevit. quid dicam de pietate in matrem, liberalitate in sorores, bonitate in suos, iustitia in omnes? quam autem civitati carus fuerit, maerore[1] funeris iudicatum est. quid igitur hunc paucorum annorum accessio[2] iuvare potuisset? senectus enim quamvis non sit gravis, tamen aufert eam viriditatem,[3] in qua etiam nunc erat Scipio. quam ob rem vita quidem talis fuit vel fortuna vel gloria, ut nihil posset accedere; moriundi autem sensum celeritas abstulit. hoc vere licet dicere, P. Scipioni ex multis diebus, quos in vita celeberrimos[4] laetissimosque viderit, illum diem clarissimum fuisse, cum senatu dimisso domum reductus ad vesperum est a patribus conscriptis, populo Romano, pridie quam excessit e vita: ut ex tam alto dignitatis gradu[5] ad superos videatur deos potius, quam ad inferos, pervenisse.

Cicero, De Amicitia 11-12 (with omissions)

[1]*maeror, -oris* m.	grieving
[2]*accessio, -onis* f.	addition
[3]*viriditas, -atis* f.	vigour
[4]*celeber, -bra, -brum*	distinguished
[5]*gradus, -us* m.	level, degree

What am I to do?

*Cicero explains in a letter to a friend how, at a critical time,
his high public profile allows him little
freedom of choice or movement.*

quod est igitur meum consilium? ut discederem fortasse in aliquas solitudines? novisti enim non modo stomachi[1] mei, cuius tu similem quondam habebas, sed etiam oculorum in hominum insolentium indignitate fastidium.[2] accedit etiam molesta haec pompa lictorum[3] meorum nomenque imperi,[4] quo appellor. eo si onere carerem, quamvis parvis Italiae latebris contentus essem. sed incurrit haec nostra laurus[5] non solum in oculos, sed iam etiam in voculas[6] malevolorum. quod cum ita esset, nil tamen umquam de profectione, nisi vobis approbantibus, cogitavi. sed mea praediola[7] tibi nota sunt; in his mihi necesse est esse, ne amicis molestus sim. quod autem in maritimis sum facillime, moveo nonnullis suspicionem, velle me navigare; quod tamen fortasse non nollem, si possem ad otium. deinde sententiam meam tu facillime perspicere potuisti iam ab illo tempore, cum in Cumanum[8] mihi obviam venisti: vidisti enim quam abhorrerem ab Urbe relinquenda. credas hoc mihi velim, quod puto te existimare, me nihil aliud quaerere, nisi ut homines aliquando intelligant me nihil maluisse quam pacem.

Cicero, *Epistulae ad Familiares* 2.16, 2-3 (with omissions)

[1]*stomachus, -i* m.	stomach, taste
[2]*fastidium, -i* n.	delicacy, aversion, disgust
[3]*lictor, -oris* m.	lictor (official attendant)
[4]*imperium, -i* n.	(here) general
[5]*laurus, -i* f.	triumph
[6]*vocula, -ae* f.	snide remark
[7]*praediolum, -i* n.	small estate
[8]*Cumanum (praedium)* n.	estate at Cumae

Agricola

Agricola seduces the Britons into submission.

ubi aestas advenit, contracto[1] exercitu multus in agmine, loca castris ipse capere, aestuaria[2] ac silvas ipse praetemptare;[3] et nihil interim apud hostes quietum pati; atque ubi eos satis terruerat, parcendo rursus invitamenta[4] pacis ostentare. quibus rebus multae civitates, quae in illum diem ex aequo[5] egerant, datis obsidibus iram posuere, et praesidiis castellisque circumdatae sunt tanta ratione curaque, ut nulla ante Britanniae nova pars pariter illacessita[6] transierit. ut homines dispersi ac rudes[7] eoque in bella faciles quieti et otio per voluptates adsuescerent,[8] hortari privatim, adiuvare publice, ut templa fora domos exstruerent, laudando promptos[9] et castigando segnes: ita honoris aemulatio[10] pro necessitate[11] erat. iam vero principum filios liberalibus artibus erudire,[12] et ingenia Britannorum studiis[13] Gallorum anteferre,[14] ut qui modo linguam Romanam abnuebant, eloquentiam concupiscerent. inde etiam habitus[15] nostri honor et frequens toga. paulatimque descensum ad delenimenta[16] vitiorum, porticus et balinea[17] et conviviorum elegantiam. idque apud imperitos[18] humanitas[19] vocabatur, cum pars servitutis esset.

Tacitus, *Agricola* 20-21 (with omissions)

[1]*contraho, contrahere, contraxi, contractus*	I gather together
[2]*aestuarium, -i* n.	estuary
[3]*praetempto, -temptare, -temptavi, -temptatus*	I explore first
[4]*invitamentum, -i* n.	attraction
[5]*ex aequo*	on equal terms
[6]*illacessitus, -a, -um*	undisturbed, without outside interference
[7]*rudis, -is, -e*	uncivilised
[8]*adsuesco, adsuescere, adsuevi, adsuetus*	I grow accustomed
[9]*promptus, -a, -um*	quick to action
[10]*aemulatio, -onis* f.	rivalry, competition
[11]*necessitas, -atis* f.	compulsion
[12]*erudio, erudire, erudivi, eruditus*	I educate
[13]*studium, -i* n.	(here) trained ability
[14]*antefero, anteferre, antetuli, antelatus*	I prefer
[15]*habitus, -us* m.	dress
[16]*delenimentum, -i* n.	allurement, attraction
[17]*balineum, -i* n.	bath
[18]*imperitus, -a, -um*	unsophisticated, ignorant
[19]*humanitas, -atis* f.	civilisation, culture

Friendship

Seneca explains to Lucilius that friendship depends on closeness of spirit rather than physical proximity.

non multum ad tranquillitatem locus confert: animus est qui sibi commendet[1] omnia. vidi ego in villa hilari et amoena[2] maestos, vidi in media solitudine occupatis similes. quare non est quod existimes ideo parum bene compositum[3] esse te, quod in Campania[4] non es. conversari cum amicis absentibus licet, et quidem quotiens velis, quamdiu velis. magis hac voluptate, quae maxima est, fruimur dum absumus. praesentia enim nos delicatos[5] facit, et, quia aliquando una loquimur ambulamus considemus, cum diducti sumus[6] nihil de iis quos modo vidimus cogitamus. et ideo aequo animo ferre debemus absentiam, quia nemo non multum etiam praesentibus abest. pone[7] hic primum noctes separatas, deinde occupationes utrique diversas, deinde studia secreta, suburbanas[8] profectiones:[9] videbis non multum esse quod nobis peregrinatio[10] eripiat. amicus animo possidendus est: hic autem numquam abest: quemcumque vult, cotidie videt. itaque mecum stude, mecum cena, mecum ambula. in angusto[11] vivebamus, si quicquam esset cogitationibus clusum.[12] video te, mi Lucili; cum maxime audio. adeo tecum sum ut dubitem an incipiam non epistulas, sed codicillos[13] tibi scribere.

Seneca, *Epistulae* 55

[1]*commendo, -mendare, -mendavi, -mendatus*	I make agreeable
[2]*amoenus, -a, -um*	pleasant
[3]*compositus, -a, -um*	at peace
[4]*Campania, -ae* f.	Campania (part of Italy where many country villas were situated)
[5]*delicatus, -a, -um*	spoilt
[6]*diduco, diducere, diduxi, diductus*	I separate
[7]*pono, ponere, posui, positus*	(here) I consider
[8]*suburbanus, -a, -um*	into the country
[9]*profectio, -onis* f.	excursion, visit
[10]*peregrinatio, -onis* f.	period spent abroad
[11]*angustus, -a, -um*	restricted, confined
[12]*cludo, cludere, clusi, clusus*	I cut off, shut out
[13]*codicillus, -i* m.	brief note

Penelope and Briseis

Propertius contrasts his unfaithful lover with two famous women
of legend, who remained loyal to the men they loved.

iste quod est, ego saepe fui: sed fors et in hora
    hoc ipso eiecto carior alter erit.
Penelope[1] poterat bis denos[2] salva per annos
    vivere, tam multis femina digna procis;[3]
coniugium falsa poterat differre Minerva,[4]
    nocturno solvens texta[5] diurna dolo;
visura et quamvis numquam speraret Ulixen,[6]
    illum exspectando facta remansit anus.
nec non exanimem amplectens Briseis[7] Achillen[8]
    candida vesana[9] verberat ora manu;
et dominum lavit maerens captiva cruentum,
    propositum fulvis in Simoenta[10] vadis,
foedavitque comas, et tanti corpus Achilli[8]
    maximaque in parva sustulit ossa manu.
tunc igitur veris gaudebat Graecia natis,
    tunc etiam felix inter et arma pudor.
at tu non una potuisti nocte vacare,
    impia, non unum sola manere diem!
            Propertius, *Elegies* 2.9, 1-14, 17-20

[1]*Penelope, -es* f.   Penelope (wife of Ulysses)
[2]*deni, -ae, -a*   ten
[3]*procus, -i* m.   suitor
[4]*Minerva, -ae* f.   Minerva (goddess of craft)
[5]*textum, -i* n.   woven fabric
[6]*Ulixes, -is* (acc. *-en*), m.   Ulysses
[7]*Briseis, -idos* f.   Briseis (slave-girl and lover
     of Achilles)
[8]*Achilles, -i* (acc. *-en*), m.   Achilles
[9]*vesanus, -a, -um*   furious, wild
[10]*Simois, -entis* (acc. *-enta*), m.   Simois (a river near Troy)

B. Verse

Tibullus to his mistress

No other woman can take your place.

nulla tuum nobis subducet[1] femina lectum;
　hoc primum iuncta est foedere nostra Venus.[2]
tu mihi sola places, nec iam te praeter in urbe
　formosa est oculis ulla puella meis.
atque utinam posses uni mihi bella videri!
　displiceas aliis; sic ego tutus ero.
nil opus invidia est; procul absit gloria vulgi:
　qui sapit, in tacito gaudeat ipse sinu.
sic ego secretis possum bene vivere silvis,
　qua nulla humano sit via trita[3] pede.
tu mihi curarum requies, tu nocte vel atra
　lumen, et in solis tu mihi turba locis.
nunc licet e caelo mittatur amica Tibullo,
　mittetur frustra deficietque Venus.[2]
hoc tibi sancta tuae Iunonis[4] numina iuro,
　quae sola ante alios est mihi magna deos.

Tibullus, 3.19, 1-16

[1]*subduco, -ducere, -duxi, -ductus*　I steal
[2]*Venus, -eris* f.　(here) love
[3]*tero, terere, trivi, tritus*　I tread, wear
[4]*Iuno, -onis* f.　Juno (goddess of marriage)

B. Verse

Aristaeus' lament

Aristaeus laments to his mother, the river goddess Cyrene, because his precious bees have been destroyed by disease.

pastor Aristaeus fugiens Peneia[1] Tempe[2]
amissis, ut fama, apibus[3] morboque fameque
tristis ad extremi sacrum caput adstitit amnis
multa querens, atque hac adfatus voce parentem:
'mater, Cyrene, mater, quae gurgitis huius
ima tenes, quid me praeclara stirpe[4] deorum –
si modo, quem perhibes,[5] pater est Thymbraeus[6] Apollo –
invisum fatis genuisti? aut quo tibi nostri
pulsus amor? quid me caelum sperare iubebas?
en[7] etiam hunc ipsum vitae mortalis honorem,
quem mihi vix frugum et pecudum custodia sollers[8]
omnia temptanti extuderat,[9] te matre relinquo.
quin age et ipsa manu felices erue silvas,
fer stabulis[10] inimicum ignem atque interfice messes,[11]
ure sata[12] et validam in vites[13] molire bipennem,[14]
tanta meae si te ceperunt taedia[15] laudis.'

Virgil, *Georgics* 4.317-332

[1]*Peneius, -a, -um* — of the Peneus (a river flowing through the Vale of Tempe in Greece)

[2]*Tempe* n. pl. — the Vale of Tempe

[3]*apis, -is* f. — bee

[4]*stirps, -is* f. — race, lineage

[5]*perhibeo, -hibere, -hibui, -hibitus* — I assert

[6]*Thymbraeus, -a, -um* — Thymbraean

[7]*en* — see!

[8]*sollers, -ertis* — skilful

[9]*extundo, extundere, extudi, extusus* — I forge, fashion

[10]*stabulum, -i* n. — stall

[11]*messis, -is* f. — crop

[12]*satum, -i* n. — seedling

[13]*vitis, -is* f. — vine

[14]*bipennis, -is* f. — two-edged axe

[15]*taedium, -i* n. — weariness, loathing

Aeson

After Jason's departure to seek the Golden Fleece, his father, Aeson, learns of a plot to kill him and, as panic grips the palace, frantically wonders what to do.

flagrantes aras vestemque nemusque sacerdos
praecipitat,[1] subitis[2]que pavens circumspicit Aeson,
quid moveat. quasi multa leo cunctatur in arta[3]
mole virum rictuque genas et lumina pressit:
sic curae subiere ducem, ferrumne capessat
imbelle[4] atque aevi senior gestamina[5] primi
an patres regnique acuat[6] mutabile vulgus.
contra effusa manus haerensque in pectore coniunx,
'me quoque,' ait, 'casus comitem quicumque propinquat
accipies, nec fata traham natumque videbo
te sine, sat caeli patiens, cum prima per altum
vela dedit,[7] potui quae tantum ferre dolorem.'
talia per lacrimas. et iam circumspicit Aeson,
praeveniat[8] quo fine minas, quae fata capessat
digna satis: magnos obitus[9] natumque domumque
et genus Aeolium[10] pugnataque poscere bella.

Valerius Flaccus, *Argonautica* 1.755-770

[1]*praecipito, -cipitare, -cipitavi, -cipitatus*	I cast aside, abandon
[2]*subitum, -i* n.	sudden happening
[3]*artus, -a, -um*	close-packed
[4]*imbellis, -is, -e*	unused to war
[5]*gestamen, -inis* n.	weapon
[6]*acuo, acuere, acui, acutus*	I rouse
[7]*vela do, dare, dedi, datus*	I set sail
[8]*praevenio, -venire, -veni, -ventus*	I forestall
[9]*obitus, -us*, m.	death
[10]*Aeolius, -a, -um*	of Aeolus

Where is the mind?

Because each thing can only exist in its appointed place,
the mind can only exist in the body.

denique in aethere[1] non arbor, non aequore in alto
nubes esse queunt[2] nec pisces vivere in arvis
nec cruor in lignis[3] neque saxis sucus[4] inesse.
certum ac dispositumst[5] ubi quicquid crescat et insit.
sic animi natura nequit[6] sine corpore oriri
sola neque a nervis et sanguine longiter esse.
quod si (posset enim multo prius[7]) ipsa animi vis
in capite aut umeris aut imis calcibus[8] esse
posset et innasci quavis in parte, soleret
tandem in eodem homine atque in eodem vase[9] manere.
quod[10] quoniam nostro quoque constat corpore certum
dispositum[5]que videtur ubi esse et crescere possit
sorsum[11] anima atque animus, tanto magis infitiandum[12]
totum posse extra corpus durare geni[13]que.
quare, corpus ubi interiit, periisse necessest
confiteare animam distractam in corpore toto.

Lucretius, De Rerum Natura 3.784-799

[1]*aether, -eris* m.	sky
[2]*queo, quire, quivi, quitus*	I can
[3]*lignum, -i* n.	piece of wood
[4]*sucus, -i* m.	sap
[5]*dispono, -ponere, -posui, -positus*	I arrange (*dispositumst =* *dispositum est*)
[6]*nequeo, nequire, nequivi, nequitus*	I cannot
[7]*prius*	(here) better, preferable
[8]*calx, -cis* f.	heel
[9]*vas, vasis* n.	vessel
[10]*quod*	(here) but
[11]*sorsum*	apart, separately
[12]*infitior, infitiari, infitiatus sum*	I deny
[13]*geno, genere, genui, genitus*	I generate, produce

Amycus

The gigantic boxer, Amycus, issues an ironically-worded challenge to the Argonauts.

at procul e silvis sese gregibusque ferebat
saevus in antra[1] gigas;[2] quem nec sua turba tuendo
it taciti secura[3] metus. mortalia nusquam
signa manent; instar[4] scopuli, qui montibus altis
summus abit longeque iugo stat solus ab omni.
devolat inde furens, nec quo via[5] curve profecti
nec genus ante rogat, sed tali protonat[6] ira:
'incipite, o iuvenes; etenim fiducia, credo,
huc tulit auditas et sponte lacessitis[7] oras.
sin errore viae necdum mens gnara locorum:
Neptuni en[8] domus atque egomet Neptunia proles.[9]
hic mihi lex caestus[10] adversaque tollere contra
bracchia. sic ingens Asiae plaga[11] quique per Arcton[12]
dexter et in laevum pontus iacet haec mea visit
hospitia;[13] hoc functi remeant[14] certamine reges.
iam pridem caestus[10] resides[15] et frigida raris
dentibus aret[16] humus. quis mecum foedera iunget?'
Valerius Flaccus, *Argonautica* 4.199-215

[1]*antrum, -i* n.	cave
[2]*gigas, -antis* m.	giant
[3]*securus, -a, -um* + gen.	free from
[4]*instar* + gen.	like
[5]*via*	supply *esset*
[6]*protono, protonare*	I thunder forth, bellow
[7]*lacesso, lacessere, lacessivi, lacessitus*	I challenge, provoke
[8]*en*	see!
[9]*proles, -is*, f.	son
[10]*caestus, -us* m.	boxing glove
[11]*plaga, -ae* f.	region
[12]*Arctos, i* f. (acc. *Arcton*)	the North
[13]*hospitium, -i* n.	hospitality, welcome
[14]*remeo, remeare, remeavi*	I return (here ironic)
[15]*reses, -idis*	unused, idle
[16]*areo, arere*	I am dry, parched

Appendix

Mark schemes

Two mark schemes are provided here, to give students and teachers an idea of how examiners mark such passages in the public examinations. The only difference is that examiners use a scheme that contains the Latin words; English meanings are discussed and agreed at standardisation and entered into a list that is copied and distributed to every examiner.

Here English versions are supplied, to enable the students themselves to apply them; when doing so, they will need to be made aware that there are usually several, sometimes many, acceptable ways of translating each word and phrase. Teachers may find it useful to discuss with their students the relative merits of alternative versions.

As a general principle, inflected words tend to carry two marks, of which the first is for the meaning and the second for the ending; each can be earned independently of the other. A few inflected words carry only one mark, because there are often not enough marks available to assign two to every such word without exceeding the limit of 170 (AS), 135 (A2 prose) or 123 (A2 verse) raw marks; in these cases both meaning and ending must be correct to gain the mark. In the case of adjectives, the second mark is purely for agreement with the correct noun.

Italics indicate that no mark is available for a word or part-word. This may be because the word is glossed below the passage; or it may have appeared before in the passage (ignorance of the meaning of a word is penalised only once); or it may be a proper name, which is usually ignored in marking.

Simple prepositional phrases often carry only one mark; to gain the mark, both words must be translated correctly.

In addition to the raw marks for accuracy, a further 10 'bonus' marks are available for the use of good English. In the schemes below, as in the examinations, likely words and phrases are underlined; these generally give unnatural English when translated literally or given the meanings most familiar to the students. There are differences between AS and A2 levels in the way these additional marks are awarded: firstly, at AS level they are part of the total raw mark of 180, whereas at A2 level they are additional to the total raw mark (so enabling candidates to score more than 100%, at least in theory); secondly, at AS level they are awarded more liberally: every instance of an ablative absolute or an indirect statement, for example, will generate a 'bonus' mark if handled sensibly; whereas at A2 candidates are expected to handle indirect statements correctly, and good renderings of ablatives absolute will be rewarded no more than once in each passage. The awarding of 'bonus' marks need not be limited to underlined words and phrases.

Of the two schemes below, the AS prose passage has few enough words for the marks to be allocated fairly liberally; the A2 verse passage, by contrast, has an above average number of words, which means that, unusually, many of the inflected words have had to lose one of their two marks. The arithmetic for the verse passage looks odd because in the examination, marks for scansion have to be added, and the raw total is above 100% because of the inclusion of the 'bonus' marks.

Simpler mark schemes can be devised than the ones included here. The simplest is the impression scheme, in which each sentence or clause is marked out of 5 according to the proportion of accuracy. Also straightforward, but less precise, is a negative scheme, in which a mark is deducted for each Latin word that is translated wrongly. The advantage of the ones below is that they reward everything that a candidate handles correctly.

Hortensius at Abdera

  1   2   2   2 1   1 2 1   **12**
Hortensius, the Roman praetor, who was waging war in *Greece*,

  2   2 1   1   2   2   **10**
reached the town of *Abdera*. There, <u>looking</u> for booty,

    2   2   1 1 1 2 2 1   2   **14**
he demanded 100,000 *denarii* and <u>very much</u> corn from the citizens.

    1   1   1 1 1   2   2   **9**
The *citizen*s, since they did not have so much money,

  2 2 1   2   1   **8**
asked him <u>that it be allowed to them</u>

  2   2   1 1   1 1   1   **9**
to send ambassadors about this thing to the consul *Hostilius*,

  2 2 1   1   **6**
who was also *in Greece, and* to *Rome.*

    1   2   1   **4**
As soon as they reached the *consul,*

2 2 1   1   1   2   2   **15**
they heard their *town* to have been captured, the chieftains killed, *and*
2 2
the rest sold.

1   1 1   2 1   1   1   2   **10**
Then the *ambassadors* of *Abdera* came to *Rome* to the senate crying.

2   1 1   1   1   **6**
They complained *their town* to have been conquered

2 1   **3**
and looted by the *praetor, Hortensius,*

1 2   1 1 1   2   1 1   1   **11**
without just cause. This *thing* seemed *unjustified* to the senators.

1 1   1   1 1 2   2   1 1   1 **12**
They *decreed* that the people of Abdera, who now were slaves, should be freed,

1 1   1 1   1 1   1 1 1 1   **10**
and their *town restored.* Two *ambassadors* were *sent* who might do this.

1   1 1   1   1   2   **7**
It was ordered to the same men to announce

1 1   1   1   **4**
to both *Hostilius* the *consul and* the *praetor Hortensius*

1   1   1 1   1   **5**
the *senate* to have *decreed* an *unjust war* to have been *waged*

1   1   **2**
against the *people of Abdera;*

2   1 1 2 1 2   2   1 1   **13**
all the *citizens* who were still alive should be *restored* into liberty.

Total: 170 +10 = 180 / 2 = 90

In this scheme, 72 marks may be thought of as giving a grade A, 63 a B, 54 a C, 45 a D and 36 an E.

The home of Rumour

| 1 | 1 | 1 | 1 | | 1 | | 1 | 1 | | 1 | | 1 | **9** |

Rumour <u>holds</u> and has *chosen* for herself a home at the top of the citadel,

| 1 | 1 | | 2 | | 2 | 1 | | 1 | | 1 | 1 | | | 1 | **11** |

and has added countless entrances and a thousand *openings* to the building,

| | 1 | | | 2 | | 1 | 2 | | 1 | | **7** |

and has <u>closed the thresholds</u> <u>with no doors</u>;

| 1 | | 1 | | 1 | 1 | 1 | | 1 | | **7** |

night *and* day it <u>lies open</u>; it is all <u>out of</u> resounding *bronze*,

| 1 | | 1 | | | 1 | 1 | 1 | | | 1 | 1 | 1 | | **8** |

it *all* resounds *and* <u>carries back</u> voices *and repeats* what it hears;

| 1 | 1 | 2 | | 1 | | 1 | 1 | 1 | | 2 | | **10** |

There is *no* quiet inside *and* <u>in *no* part</u> silence,

| 1 | | 1 | | | 1 | | | 2 | | 2 | | 1 | | **8** |

nor however *is there* shouting, *but* the murmuring of <u>small</u> *voices*;

| 2 | | 1 | | 2 | | 1 | | 1 | | 1 | 2 | | **10** |

a crowd *occupies* the halls; they come *and* go, a light throng,

| | 1 | 2 | | 1 | 1 | | 1 | | | 1 | | **7** |

and falsehoods mixed with truths wander everywhere,

| 1 | | | 1 | | | 2 | | 2 | | **6** |

thousands of rumours, *and* <u>confused words</u> *roll around*;

| 1 | | 1 | 1 | | 2 | 2 | 1 | 1 | | **9** |

Some of these fill their empty ears with talk,

| 1 | 1 | | | 2 | | | | 1 | 1 | | 1 | 2 | | **9** |

<u>*some*</u> take their <u>accounts</u> *elsewhere, and the extent* of the story grows,

| 2 | | 2 | 1 | | | 1 | 1 | | | 1 | | **8** |

and a new authority adds something to <u>the heard things</u>.

| | 1 | 1 | 1 | 1 | | 2 | 1 | | 1 | | | 1 | | **9** |

She herself sees what things are done in heaven *and* at sea

      1   1   1   1   1   **5**

and on land, *and* <u>enquires in</u> the *whole* world.

Total: 123 + 10 = 133 / 3 = (scaled) 41

In this scheme, 33 marks may be thought of as giving a grade A, 29 a B, 25 a C, 21 a D and 16 an E.